京津冀城镇化与生态文明建设协同治理研究

穆松林 著

中国言实出版社

图书在版编目(CIP)数据

京津冀城镇化与生态文明建设协同治理研究 / 穆松林著 . -- 北京：中国言实出版社，2023.6
ISBN 978-7-5171-4508-0

Ⅰ. ①京… Ⅱ. ①穆… Ⅲ. ①城市化—协调发展—研究—华北地区②生态环境建设—研究—华北地区 Ⅳ.
① F299.272 ② X321.22

中国国家版本馆 CIP 数据核字（2023）第 105084 号

京津冀城镇化与生态文明建设协同治理研究

责任编辑：王战星
责任校对：代青霞

出版发行：中国言实出版社
　　　　地　址：北京市朝阳区北苑路180号加利大厦5号楼105室
　　　　邮　编：100101
　　　　编辑部：北京市海淀区花园路6号院B座6层
　　　　邮　编：100088
　　　　电　话：010-64924853（总编室）　010-64924716（发行部）
　　　　网　址：www.zgyscbs.cn　电子邮箱：zgyscbs@263.net

经　　销：新华书店
印　　刷：北京虎彩文化传播有限公司
版　　次：2023年7月第1版　　2023年7月第1次印刷
规　　格：880毫米×1230毫米　1/32　6.375印张
字　　数：100千字

定　　价：58.00元
书　　号：ISBN 978-7-5171-4508-0

目录

摘　要

　　城镇化与生态文明建设之间客观上存在着极其复杂的交互耦合关系，实现城镇化与生态文明建设协同发展是近年来国内外研究的热点命题。如何确保新型城镇化与生态文明建设协同推进，是二者协同治理的应有之义。一方面，通过生态文明建设促进产业结构、消费方式发生转变，推动城镇化绿色健康发展；另一方面，通过新型城镇化把生态文明理念和原则融入发展全过程，建设集约、智能、绿色、低碳的新型城镇。本研究以京津冀为研究区域，构建了城镇化和生态文明建设综合评价的指标体系，并借助物理学耦合模型，构建了城镇化与生态文明建设的时空耦合协调度测度模型，定量分析了 2005—2019 年京津冀地区城镇化与生态文明建设的耦合过程与动态演进趋势，并以此为基础提出了二者协同治理的对策与建议。主要研究结论包括以下方面。

　　1.通过文献梳理发现，目前现有研究单独从城市化、城市生态环境的角度研究较多，对城市化与城市生态环境的关系也展开了有益的探索和研究，但以城镇化与生态文明建设关系为视角展开研究的较少。结合中国国情，以城镇化开展研究更加贴切，并且生态环境仅仅是生态文明建设的一部分（生态文明建设涵盖五大部分，即生态环境、生态经济、生态人居、生态文化、生态制度），从研究的完整性角度来说应以生态文明建设开展研究更为全面、合理。

2. 进一步明晰了城镇化与生态文明建设的内涵，在梳理分析现有城镇化与生态文明建设的方法和模型的评价基础上，本研究的城镇化的评价从人口、空间、经济、社会四个方面开展，生态文明建设评价从生态经济、生态环境、生态制度和生态文化四个方面开展。

3. 人口城镇化和生态经济对京津冀城镇化评价与生态文明建设评价的贡献份额最大，明显高于其他因素；在耦合协调度测算模型中，城镇化与生态文明建设系统中三种不同贡献份额所得出的耦合协调度的变化趋势是一致的，表明耦合协调度模型受城镇化与生态文明建设系统贡献份额比例的影响很小；2005 年以来京津冀地区的城镇化与生态文明建设耦合度呈现出近 L 型的曲线变化：开始阶段生态文明建设滞后于城镇化建设，到2016

年达到拐点；关联度评价在三种情景模拟下都持续增长，并且增长幅度较大；二者之间的耦合关联类型从开始的严重不协调到目前的协调发展。

4. 正确认识城镇化与生态文明建设的时空动态耦合规律，结合数据分析，在城镇化进程中京津冀区域应进一步提升社会城镇化的水平和质量；在生态文明建设中，北京应加强生态文化建设，天津和河北应加强生态制度建设，同时还要提升天津与河北的生态文明建设水平（北京在京津冀区域生态文明建设中的贡献份额最高）。充分利用目前京津冀区域城镇化与生态文明建设水平处于协调发展的窗口期，采取适当的发展战略和客观的区域发展政策，促进从区域的协同发展到整体的协同治理，对进一步加快京津冀城镇化进程，提升京津冀生态文明建设水平，实现京津冀地区城镇化与生态文明建设的协调和可持续发展具有重要的指导意义。

第一章　绪　论

一、城镇化现状与问题 [①]

改革开放以来，我国城镇化水平迅速提高，城乡结构发生历史性变化。城镇化是扩大内需的最大潜力和经济增长的巨大引擎，要立足我国基本国情，坚持中国特色新型城镇化道路，积极稳妥地推进城镇化，着力提高城镇化质量，促进工业化、信息化、城镇化、农业现代化同步发展。

（一）城镇化推进意义深远

1. 现代化的顺利实现需要城镇化助推

工业革命以来的经济社会发展史表明，一国要成功实现现代化，在工业化发展的同时，必须注重城镇化发

[①] 本部分参考和引用了《国家新型城镇化规划（2014－2020年）》。

展。当今中国，城镇化与工业化、信息化和农业现代化同步发展，是现代化建设的核心内容，彼此相辅相成。工业化处于主导地位，是发展的动力；农业现代化是重要基础，是发展的根基；信息化具有后发优势，为发展注入新的活力；城镇化是载体和平台，承载工业化和信息化发展空间，带动农业现代化加快发展，发挥着不可替代的融合作用。

2. 经济持续增长需要城镇化支撑

内需是我国经济发展的根本动力，扩大内需的最大潜力在于城镇化。目前我国常住人口城镇化率为53.7%，户籍人口城镇化率只有36%左右，不仅远低于发达国家80%的平均水平，也低于人均收入与我国相近的发展中国家60%的平均水平，还有较大的发展空间。城镇化水平持续提高，会使更多农民通过转移就业提高收入，通过转为市民享受更好的公共服务，从而使城镇消费群体不断扩大、消费结构不断升级、消费潜力不断释放，也会带来城市基础设施、公共服务设施和住宅建设等巨大投资需求，这将为经济发展提供持续的动力。

3. 产业结构转型升级需要城镇化驱动

产业结构转型升级是转变经济发展方式的战略任

务，加快发展服务业是产业结构优化升级的主攻方向。目前我国服务业增加值占国内生产总值比重仅为46.1%，与发达国家74%的平均水平相距甚远，与中等收入国家53%的平均水平也有较大差距。城镇化与服务业发展密切相关，服务业是就业的最大容纳器。城镇化过程中的人口集聚、生活方式的变革、生活水平的提高，都会扩大生活性服务需求；生产要素的优化配置、三次产业的联动、社会分工的细化，也会扩大生产性服务需求。城镇化带来的创新要素集聚和知识传播扩散，有利于增强创新活力，驱动传统产业升级和新兴产业发展。

4. 农业农村劳动力转移需要城镇化实现

我国农村人口过多、农业水土资源紧缺，在城乡二元结构下，土地规模经营难以推行，传统生产方式难以改变，这是"三农"问题的根源。我国人均耕地仅0.1公顷，农户户均土地经营规模约0.6公顷，远远达不到农业规模化经营的门槛。城镇化总体上有利于集约节约利用土地，为发展现代农业腾出宝贵空间。随着农村人口逐步向城镇转移，农民人均资源占有量相应增加，可以促进农业生产规模化和机械化，提高农业现代化水平和农民生活水平。城镇经济实力提升，会进一步增强以工促农、以城带乡能力，加快农村经济社会发展。

5. 区域协调发展需要城镇化融合

改革开放以来，我国东部沿海地区率先开放发展，形成了京津冀、长江三角洲、珠江三角洲等一批城市群，有力推动了东部地区快速发展，成为国民经济重要的增长极。但与此同时，中西部地区发展相对滞后，一个重要原因就是城镇化发展很不平衡，中西部城市发育明显不足。目前东部地区常住人口城镇化率达到62.2%，而中部、西部地区分别只有48.5%、44.8%。随着西部大开发和中部崛起战略的深入推进，东部沿海地区产业转移加快，在中西部资源环境承载能力较强地区，加快城镇化进程，培育形成新的增长极，有利于促进经济增长和市场空间由东向西、由南向北梯次拓展，推动人口经济布局更加合理、区域发展更加协调。

6. 社会治理创新需要城镇化带动

城镇化作为人类文明进步的产物，既能提高生产效率，又能富裕农民、造福人民，全面提升生活质量。随着城镇经济的繁荣，城镇功能的完善，公共服务水平和生态环境质量的提升，人们的物质生活会更加殷实、精神生活会更加丰富多彩；随着城乡二元结构逐步破除，城市内部二元结构矛盾逐步化解，全体人民将共享现代文明成果。这既有利于维护社会公平正义、消除社会风险隐患，也有利于促进人的全面发展和社会和谐进步。

（二）城镇化发展现状

改革开放以来，伴随着工业化进程加速，我国城镇化经历了一个起点低、速度快的发展过程。但也存在诸多问题，具体表现如下：大量农业转移人口难以融入城市社会，市民化进程滞后。目前农民工已成为我国产业工人的主体，受城乡分割的户籍制度影响，被统计为城镇人口的 2.34 亿农民工及其随迁家属，未能在教育、就业、医疗、养老、保障性住房等方面享受城镇居民的基本公共服务，产城融合不紧密，产业集聚与人口集聚不同步，城镇化滞后于工业化。城镇内部出现新的二元矛盾，农村留守儿童、妇女和老人问题日益凸显，给经济社会发展带来诸多风险隐患。

1. 土地城镇化与人口城镇化不同步

一些城市"摊大饼"式扩张，过分追求宽马路、大广场，新城新区、开发区和工业园区占地过大，建成区人口密度偏低。1996—2012 年，全国建设用地年均增加 724 万亩，其中城镇建设用地年均增加 357 万亩；2010—2012 年，全国建设用地年均增加 953 万亩，其中城镇建设用地年均增加 515 万亩。2000—2011 年，城镇建成区面积增长 76.4%，远高于城镇人口 50.5% 的增长速度；农村人口减少 1.33 亿人，农村居民点用地却增加了 3045 万亩。一些地方过度依赖土地出让收入和土地抵押融资推进城镇建设，加剧了土地粗放利用，浪费了大量耕地资源，威胁到国家粮食安全和生态安全，也加大了地方政府性债务等财政金融风险。

2. 城镇空间布局不合理

东部一些城镇密集地区资源环境约束趋紧，中西部资源环境承载能力较强地区的城镇化潜力有待挖掘；城市群布局不尽合理，城市群内部分工协作不够、集群效率不高；部分特大城市主城区人口压力偏大，与综合承载能力之间的矛盾加剧；中小城市集聚产业和人口不足，潜力没有得到充分发挥；小城镇数量多、规模小、服务功能弱，这些都增加了经济社会和生态环境成本。

3. 城市病需要"诊疗"

一些城市空间无序开发、人口过度集聚，重经济发展、轻环境保护，重城市建设、轻管理服务，交通拥堵问题严重，公共安全事件频发，城市污水和垃圾处理能力不足，大气、水、土壤等环境污染加剧，城市管理运行效率不高，公共服务供给能力不足，城中村和城乡接合部等外来人口集聚区人居环境较差。

4. 城镇建设缺乏特色

一些城市景观结构与所处区域的自然地理特征不协调，部分城市贪大求洋、照搬照抄，脱离实际建设国际大都市，"建设性"破坏不断蔓延，城市的自然和文化个性被破坏。一些农村地区大拆大建，照搬城市小区模式建设新农村，简单用城市元素与风格取代传统民居和田园风光，导致乡土特色和民俗文化流失。

5. 体制机制需要突破

现行城乡分割的户籍管理、土地管理、社会保障制度，以及财税金融、行政管理等制度，固化着已经形成的城乡利益失衡格局，制约着农业转移人口市民化，阻碍着城乡发展一体化。

二、生态文明建设现状与问题

党的十八大之后，生态文明建设日益受到重视，经济建设、政治建设、文化建设、社会建设、生态文明建设五位一体统筹推进。党的十八届三中全会通过《中共中央关于全面深化改革若干重大问题的决定》，积极主动开展生态文明建设，提出推进生态文明建设新思想、新论断、新要求。

（一）生态文明内涵

理论界一般认为生态文明是指人类遵循人、自然、社会和谐发展的客观规律而取得的物质与精神成果的全部总和；是指以人与自然、人与人、人与社会和谐共生、良性循环、全面发展、持续繁荣为基本目标的文化伦理形态。

总体来看，文明是个动态概念，也是个时代概念（见表1-1）。生态文明作为现代文明的基本追求，其实现是一个长期的动态过程，在不同的阶段和不同的领域，生态文明的内涵和特征也有所区分。

表1-1　文明形态的变迁

名称	空间范围	自然观	物质生产能力	人地关系
原始文明	个人或部落	对自然神崇拜	简单的采集和渔猎	顺从、敬畏大自然
农业文明	区域或国家	主张尊天敬神	农耕和畜牧	对自然初步开发
工业文明	国家或洲际	强调主体性和能动性	生产的机械化	对自然的"征服"
生态文明	洲际或全球	人与自然和谐	可持续再生产	人与自然协调发展

目前对生态文明的内涵主要有两种理解：一种是以自然生态系统为核心追求人与自然的融合；另一种是以人为核心来探讨人与自然的和谐。还有人把生态文明理解为是继农业文明、工业文明之后一种新的历史形态，

也有人把生态文明看做与物质文明、精神文明以及政治文明等并列的一种新的文明。

生态文明是由"生态 + 文明"构成的发展方式综合体，是与它所处的自然与社会环境互相"选择与融合"的结果，包括发展方式的物质手段、精神理念和政策制度等。生态是指生物在一定的自然环境下生存和发展的状态，文明是人类创造的一切积极成果的总和，因此，生态和文明的耦合关键在于发展方式的转变，既包括物质性的内容，也包括精神性和制度性的内容。发展方式的物质手段是人类通过脑力和体力劳动，以自然物为劳动对象并按照人的目的创造出物品的科学技术和生产途径，是为追逐人与自然和谐而进行的生产方式和生活方式的改造及其成果。发展方式的精神理念是指在发展过程中体现与生态文明要求相适应的精神文化成果。发展方式的政策制度是调控和影响人与自然、人与人、人与社会关系的重要手段，包括经济制度、政治制度等。

（二）生态文明建设与美丽中国

天蓝、地绿、水净是美丽中国最终追求的目标。"把生态文明建设放在突出地位，融入经济建设、政治建设、文化建设、社会建设各方面和全过程，努力建设美丽中国，实现中华民族永续发展"，党的十八大报告首次单篇论述生态文明，首次把美丽中国作为未来生态文明建设的最终宏伟目标。生态文明的实践由省、市、县、村建设逐步开展，如今，美丽中国成为生态文明实践的实施路径，生态文明的丰富成果则由美丽中国来展示和体现。美丽中国既是发展的美好愿景，也是现实的宏伟目标，涵盖美丽城市、美丽乡村和美丽国土等。

1. "美丽城市"是生态文明建设的核心

城市是人类生产、生活的集聚地，是经济和文化的重要发源地。"美丽城市"是生态文明建设的主要阵地之一，它是一个环境友好、经济可持续发展、人民健康富裕、社会和谐进步的复合生态系统。建设"美丽城市"要有适度的人口密度、合理的土地利用结构、良好的环境质量、充足的绿地覆被、完善的基础设施、高效的自然保护，并且要达到人和自然协调、社会关系协调、城乡协调、资源利用协调和综合承载力协调的目标。

2. "美丽乡村"是生态文明建设的基础

"美丽乡村"是生态文明建设的基础，它不是传统意义上的乡村环境治理、污染控制和生态恢复，而是依靠科技进步，克服工业文明和传统农业生产的弊端，探索资源节约型、环境友好型发展道路的动态过程。建设"美丽乡村"不仅包括人类在乡村生态环境问题上积极的、进步的思想观念培育，而且包括生态意识在乡村经济社会各个领域的展现和物化建设，不仅要保护生态和"乡愁"特色，更要突出生态循环和生态文化建设。

3."美丽国土"是生态文明建设的载体

"美丽国土"是数量、质量、结构、生态四位一体的生态文明建设的有效载体。土地资源能产生巨大的生态、经济和社会效益，更是一种空间载体。过多地注重土地资源的经济价值和社会价值，势必会弱化维持人类社会自身可持续发展的生态价值以及传载本土文化和农耕文明等其他价值功能。建设"美丽国土"不仅要从数量、质量和结构上确保生产、生活和生态用地，还应在现有土地利用总体规划和城乡空间布局的基础上，拓宽区域生态安全过程及其问题的分析评价和生态红线划定，通过土地整治，提高土地利用的多功能性。

（三）生态文明建设存在问题

现阶段生态文明建设也面临诸多问题，比如资源约束趋紧、环境污染严重、生态系统退化三大主要问题。

1. 资源环境的约束：一高一低

目前我国能源总体消耗高，但利用效率与发达国家相比仍总体偏低。2015 年中国 GDP 占世界的比为重为 15.5%，但能源消费总量为 43.0 亿吨标准煤，单位 GDP 能耗约是世界平均水平的 2 倍。随着工业化、城镇化和农业现代化进程加快和消费结构升级，能源需求将依然呈刚性增长，经济社会发展面临的资源瓶颈约束将会更加突出。

2. 环境污染的治理：改善和挑战

环境质量虽已保持持续改善，环境质量状况总体保持平稳，但环境污染依然十分严重，面临许多困难和挑战。一方面表现在地表水水质总体为轻度污染，湖泊（水库）富营养化问题依然突出，另一方面表现为城市空气细颗粒（PM2.5）污染加剧，大范围雾霾天气频繁出现。并且，随着农村经济社会的快速发展，农业产业化、城乡一体化进程的不断加快，农村和农业污染物排放量增大，农村环境问题同时呈现出越演越烈的态势。

3. 生态系统的现状：一退一少

目前多种生态系统已经出现不同程度的功能退化，生物多样性也不断出现减少。水资源紧缺问题严重，全国缺水量达 500 多亿立方米，很大程度上与水体功能的退化有密切关系。不仅是江河湖泊水体，森林、草原、湿地、海洋、山地等都存在不同程度的功能退化，并由此引发泥石流、石漠化等地质灾害的出现。

第二章　研究方案

一、研究主要内容和重点

根据京津冀城镇化与生态文明建设关联耦合水平综合测度的总体目标，明确项目的主要任务如下：

（一）分别构建城镇化和生态文明建设综合评价指标体系

在参考现有研究的基础上，明确影响京津冀城镇化和生态文明建设的各类要素和指标类别，建立多维度综合评价体系；在保障准确性、易获取性等前提下，采集并初步处理评价相关的基础数据，基础数据包括京津冀地区城市群的基本情况。

（二）构建城镇化与生态文明建设关联度评价模型

拟采用灰色关联模型进行测算。进行计算前，须采用区间标准化的方法对要素数据进行无量纲化处理。定义 t 时刻的关联系数 $Y_{ij}(t)$：

$$Y_{ij}(t) = \frac{\underset{ij}{min}|X_i(t) - Y_j(t)| + P\underset{ij}{max}|X_i(t) - Y_i(t)|}{|X_i(t) - Y_j(t)| + P\underset{ij}{max}|X_i(t) - Y_i(t)|}$$

式中：$X_i(t)$ 和 $Y_j(t)$ 分别为 t 时刻城镇化与生态文明建设指标的无量纲化要素值，Q 为分辨系数，一般取值 0.5。Y_{ij} 值大，说明生态文明建设的某一指标 $Y_j(t)$ 与城镇化系统的某一指标 $X_i(t)$ 之间关联性大，$X_i(t)$ 与 $Y_j(t)$ 的变化规律相同；反之亦然。式中的驱动要素也使用了相同符号 X_i 和 Y_j，但是意义略有不同。可以计算关联度矩阵要素的平均值 $C(t)$，从整体上判别两个系统的关联性。

（三）构建城镇化与生态文明建设耦合度评价模型

耦合度源自物理学的概念，通常指两个（或两个以上的）系统通过受自身和外界的各种相互作用而彼此影响的现象，不同系统之间的耦合关系具有相似性，因此耦合度评价模型能应用于城镇化与生态文明建设的耦合关系当中。设 $X(t)$ 和 $Y(t)$ 分别为 t 时刻城镇化与生态文明建设的平均驱动要素（X_i 和 Y_j 的几何平均）。$X(t)$ 和 $Y(t)$ 的协调不仅意味着它们数值较大，且它们之间的相对离差小，即离差系数 CV 越小越协调，于是有：

$$D\ (t)\ =[G\ (t)\ T\ (t)\ ]^{1/2}$$

其中，$T(t)=X(t)\phi(t)\omega$，反映城镇化与生态环境的整体协同效应或贡献；ϕ 和 ω 为待定权数，且 $\phi+\omega=1$。在城镇化与生态文明建设耦合体系中，$D(t)$ 不小于 0.6。

协调度可以用来测度城镇化与生态文明建设二者间的协同发展程度，即协同度接近 1 时表征二者协同发展水平较高，反之则较低。测算公式为：

$$C=\frac{2M_1M_2}{M_1+M_2}$$

式中，M_1、M_2 为城镇化指数和生态文明建设指数，C 为城镇化与生态文明建设协同发展度。

（四）判别京津冀城镇化与生态文明建设的协同阶段与类型

分析京津冀城镇化与生态文明建设的关联耦合过程与演进趋势，要以城镇化与生态文明建设耦合的动态时空演变为基础，通过交互式关系和动态耦合应用来判别城镇化与生态文明建设的协同阶段和类型，进而为京津冀区域发展政策的制定提供依据。

二、主要观点及创新之处

（一）主要观点

现有研究通常从城市化、城市生态环境的角度研究较多，对城市化与城市生态环境的关系也展开了有益的探索和研究，但以城镇化与生态文明建设互动关系为视角展开研究的较少。因此，本研究将城镇化与生态文明建设作为一个系统进行研究，特别是从系统的、综合的、动态的、定量化的、大尺度的、空间化的角度深入研究两者的关系并且提出确实可行的对策及建议，无论对理论研究还是对实践借鉴都具有重要意义。

（二）创新之处

以城镇化和生态文明建设为研究对象，从系统的、综合的、动态的、定量化的、大尺度的、空间化的视角展开综合研究。通过时空分析的方法，构建京津冀城镇化与生态文明建设关联耦合水平综合测度模型，探讨不同阶段城镇化与生态文明建设耦合水平的变化趋势。

三、基本思路

整个研究基于三个现实问题：

▲京津冀城镇化与生态文明建设的现状；

▲京津冀城镇化与生态文明建设的关系；

▲京津冀城镇化与生态文明建设协同治理的契合点。

三个现实问题进一步转化为四类科学问题：

▲京津冀城镇与生态文明建设的评价的方法、指标体系；

▲京津冀城镇化与生态文明建设关系的评价模型？耦合度与关联度；

▲京津冀城镇化与生态文明建设的关联耦合过程与演进趋势、拐点；

▲京津冀城镇化与生态文明建设协同治理的路径与措施。

四、研究目标

在采集处理城镇化和生态文明建设评价数据的基础上，识别和揭示城镇与生态文明建设是否存在关联性，在此基础上判定二者的耦合状态及其形成机理，探究城镇与生态文明建设之间存在的客观、互动关系，判定城镇化与生态文明建设的协同阶段和类型，定量分析京津冀区域城镇化与生态文明建设的耦合过程与演进趋势，进而有针对性地提出协同发展调控对策。

五、研究方法

（一）理论与实践相结合

城镇化与生态文明建设的相关理论研讨开始，逐步开展关联度、耦合度分析，并以京津冀区域为典型进行实证研究。

（二）定性分析与定量分析相结合

城镇化与生态文明建设的调控是通过一系列具体过程来实现的，而要把握好这些具体控制过程，就需要适宜地采用定性分析和定量分析等手段，判别拐点进行优化调控。

（三）实证分析与规范分析相结合

一般说来，实证分析回答"是什么"的问题，规范分析回答"应当是什么"的问题。既要对城镇与生态文明建设的做法进行总结，得出规律性的方法，又要针对实践当中存在的不足、问题和缺憾，提出具体的建设途径、建设思路和对策建议。

六、关键技术问题

鉴于京津冀区域协同发展的必要性和紧迫性，城镇化和生态文明建设的复杂性和系统性，不仅需要综合考查京津冀区域社会经济发展状况、资源环境基础条件，还要在城市群这一复杂系统框架下考查人文和社会发展情况。为保障研究的科学性和实用性，需要面对多个要素指标，需要采用多种方法、引进多种技术、把握多个角度，进行全面、深入、系统地探索、梳理、整合。本项目拟解决的关键技术问题主要有以下3点：

（一）建立评价模型框架和指标体系

参照已有成果建立城镇化和生态文明建设的要素框架和指标体系，明确各要素及指标内涵。城镇化要素和生态文明建设要素的筛选应遵循科学性、可操作性、完备性、动态性、主成分性和独立性等原则。城镇化至少包括四个方面：人口、经济、空间和社会；生态文明建设包括经济、环境、文化、制度等方面。

（二）分析关联耦合状态与阶段

定量与定性分析相结合，分析不同资源环境基础、社会经济状况、人文发展条件下城镇化和生态文明建设耦合状态与发展路径选择。城镇化和生态文明建设作为一个复杂的综合系统，对它的评价也需要从多个方面开展，因此，在研究和评价过程中需要结合定量分析和定性分析两种方法。其中定性分析可采用问卷调查和访谈的方式获取研究数据和资源，通过对问卷和访谈资源的分析完善研究整体的框架和体系。

（三）探讨耦合水平的变化趋势

通过时空分析的方法，探讨不同阶段城镇化与生态文明建设耦合水平的变化趋势。利用地理信息系统（GIS）技术，识别和揭示城镇化与生态文明建设的关联耦合状态的空间布局，进而总结归纳形成机理，有针对性地提出协同发展的优化调控对策和路径。

第三章　理论基础与问题导向

一、理论基础

（一）关联度

函数之间的相似程度可以表征事物之间的关联关系，对系统之间关联的因素进行度量，称之为关联度，就是评价 A 因素随不同对象或时间的变化而呈现变化的关联程度的大小。假如二个因素的变化趋势是一致的，即同步程度较高，就可以说明二者之间的关联程度较高。

（二）耦合度

耦合本意是指物理现象，指在一个系统内，多个要素之间存在相互依赖并彼此影响的客观现象，并且这种想象是普遍存在的。目前，随着研究领域的拓宽，此概念已经广泛应用于多个研究领域之中。耗散结构理论强调区域中各个子系统的交互耦合过程是一个非静止的、动态的平衡过程，导致系统通常根据时间变化产生偶尔的、随机性的改变。

地理所学中的耦合包括全时空的地理过程、地理现象，因此对地理学的基本规律和发展趋势，需要从地理现象的空间维度与时间维度两个视角全面认知，同时也要考虑"时空复杂性"对地理现象、地理过程也会产生影响。地理学中的时空耦合不仅表现在经度、纬度（垂直方向和水平方向），还表现在高度和时间等方面。

（三）系统耦合理论

根据系统论，耦合关系是指两个具有相似和差异的系统，同时具备静态和动态的相似性。因此，对于耦合系统要进行引导和强化，使二者能够良性互动，进行优势互补和相互提高。

（四）人地关系地域系统理论

人地关系地域系统理论是调控和优化城镇化与生态文明建设二者关系的理论基础。中国科学院资深院士吴传钧先生提出人地关系理论是地理学经典和基础理论，他认为人地关系地域系统是地理学的研究核心。法国人地学派的学者以区域为对象来阐述人地关系，认为从"或然论"的视角来说，人地关系不是绝对的，而是相对的：在资源利用方面有选择性，并能影响和改变自然现象。吴传钧通过长时间的理论和实践探索，提出"人"和"地"两大系统形成的巨系统，其本身具有功能机制和结构特点，在空间上具有一定的地域范围，构成了一个人地关系地域系统。他认为，人地关系的核心是使人地关系协调，要从空间整合、时间变化、协调耦合等方面优化调整人地关系地域系统，为有效地进行区域开发和管理提供理论依据。同样，区域城镇化与生态文明建设也要以人地和谐为基础，处理好保护与发展的关系，以人为本，持续发展。

二、京津冀城镇化生态文明建设面临问题

（一）环境污染突出，生态脆弱性显著

京津冀区域是城镇密集区域，同时也是环境问题集中区域，华北地区大气环境质量变差与城镇化、工业化、密集人群和拥挤交通等密切相关，污染源主要来自燃煤、机动车尾气和工业废气的排放。并且根据相关学者研究，大气污染有典型的方向指向，主要沿太行山山前呈现面状扩散。京津冀区域水环境污染、农村面源污染和环境污染也十分严重，工业化与城镇化带来的环境污染加重了该区域生态环境的负担，造成生态承载力超

负荷。

　　该区域土地集约利用程度较低，根据国土部门统计数据显示，天津、河北的人均城镇工矿建设用地超过160平方米。农村建设用地大量增加，占用了优质耕地和生态用地，比如北京农村集体用地不仅总量超过城镇建设用地，年均增速也是城镇建设用地增速的一倍。

（二）城镇化压力大，人口过度密集

　　北京150公里范围内总人口约5600万人，已经进入工业化中期和城镇化快速发展阶段，天津、河北地区大量人口流入。京津冀区域城镇化水平分异显著，北京和天津远高于河北，差异程度高于珠三角区域和长三角区域。

　　人口流动分析，北京和天津人口流入远大于人口流出，而河北地区基本能达到内部流入和流出平衡。北京近年来加大人口调控力度，新增常住人口不断减少，天津新增常住人口不断增加，河北总体基本达到流入和流出平衡，但内部极度不平衡，流入到石家庄、衡山和沧州区域的较多，并且流入北京的就业人群，主要集中在批发零售、制造业、住宿餐饮和建筑等领域。

　　京津冀城镇体系中间层级城市、小城镇发展滞后。

目前京津冀地区 50 万人口—500 万人口规模的城市数量明显低于长三角地区和珠三角地区，同时小城镇的发展水平远低于珠三角地区和长三角地区，人口和经济强镇数量明显不足。从全国千强镇分布来看，除了北京以外，京津冀地区明显缺乏经济实力强镇。河北农村地区非农就业人口在 1000 万左右，工业就业的占比约 70%，如果在生态环境污染治理中关停农村工业，将对农村就业产生较大影响。

（三）区域发展失衡明显，引致发展不平等性

京津发展较快，在重大设施建设和政策方面长期利好，各类功能不断向两地集聚，并引发"黑洞"效应，对河北发展造成显著抑制作用。过度的资源、资金聚集，使得北京"大城市病"日益凸显，同时河北省高端经济要素和高素质人才持续向京津转移和聚集，使得河北省缺少产业升级的动力和能力。长期以来河北固定资产投资主要集中于农业、矿产采掘加工和传统服务业门类，而先进制造业、现代服务业投资不足，导致河北承接京津产业转移能力弱。

第四章　研究综述

一、城镇化研究综述

2023 年 7 月 16 日，通过中国知网以城镇化为篇名，检索结果如图 4-1 所示：

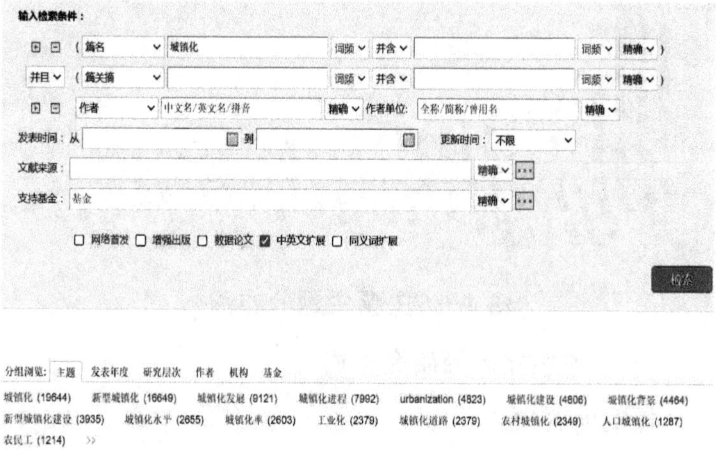

图 4-1　检索结果

总体趋势分析如图 4-2 所示。

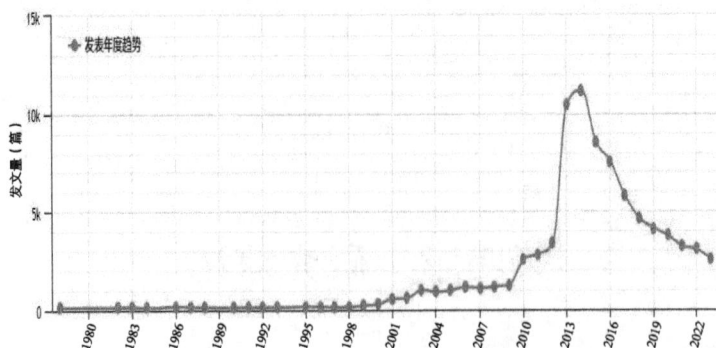

图 4-2 总体趋势分析

主要主题分布如图 4-3 所示。

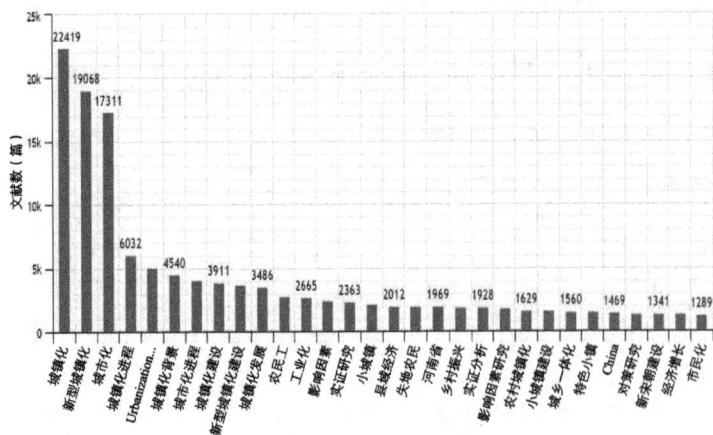

图 4-3 主要主题分布图

（一）城镇化内涵研究综述

1. 国内研究

城市化的概念和内涵有诸多认识，众多学者对此也提出不同的看法和建议，在国内"城市化"与"城

镇化"两种提法均有，但国外学者的研究则统一为
"Urbanization"。中国发展面临的国际和国内形势不断
变化，产业结构和人口结构也在不断调整，要素的流动
导致人口随之大量流动，如果人口都过度集中在大中
城市，对可持续发展将造成不利影响。因此，满足人口
流动需求必须高度重视小城镇建设，通过小城镇吸纳
周边的农村剩余劳动力。通过城市和小城镇两个单元，
走具备中国特色的城镇化道路，既有速度又有质量，
顺利接纳大量转移的农村人口，通过就地城镇化满足
剩余劳动力的转移需求。"城镇化"包含了相对较大的
城市和相对较小的镇，更加符合中国发展实际，因此本
研究以城镇化为核心词开展研究。

（1）基于人口的城镇化——人口学视角

此观点主要基于人口迁移的角度，认为城镇化是指
乡村人口变为城镇人口以及农业人口变成非农业人口的过
程[1]。这个过程既包括人口在空间上向城镇聚集的过程，
又包括非农人口身份的转变。实质是减少劳动力流动的
限制因素，通过人口非农化，实现农村富余劳动力由第
一产业逐步向第二和第三产业转移，从而带动产业结构
不断调整和优化[2]，并且，非农人口市民化后享有的住
房、教育、医疗和社会保障等方面的保障[3-5]。

（2）基于空间的城镇化——地理学视角

城市化的空间格局主要表现在城市化的空间差异和城市系统的发展程度上，这通常需要在省、市、县级三个层次上进行。从地理学视角看空间城镇化，其本质是土地功能在空间发生变化，表现为农村土地转变为城镇用地，由此带来的农业人口身份的变化和非农产业的集聚，随之生活方式、生产活动和生态景观也发生变化[6-7]。

（3）基于土地的城镇化——管理学视角

陆大道和姚士谋两位学者首先对土地城镇化展开研究[8]，他们认为土地城镇化的核心涉及土地权属和土地利用的效率问题，在土地城镇化过程中，农用地或未利用地属性转变为建设用地[9]，并且因功能和空间紧凑的要求，土地利用的集约节约水平和效率大幅度提高[10-11]，随之发生的是土地用途的本质变化[12-13]。

（4）基于产业的城镇化——经济学视角

产业城镇化是指非农产业要素在城镇空间的聚集程度、结构的合理性和可持续发展程度，是城镇化的产业支撑和保障[14-16]，实质是产业结构的升级换代，在产业结构中农业所占份额不断下降，产业结构整体得到优化，并和城镇化同步进行，即以经济发展促进配套服务完善，最终达到产业、城市、人三者之间的可持续发展。

2. 国外研究

国外研究是以城市化为研究的关键词，对于城市化的首次提出者，学界有两种主流观点，一种认为是塞达在其所著《城市化基本理论》中所首次明确提出"城市化"的概念；还有学者认为是韦伯在《19世纪城市的兴起》一书中第一次明确提出。对于城市化的大量研究，是以工业革命为背景，或者说是工业革命导致了经济、社会、空间形态等发生了变化，导致了大规模城市化的出现。

（1）空间扩散视角

在这一观点中，城市化被视为在城市中心区的周边地区辐射和扩散的过程。瑞典学者哈格斯特朗认为城市化的空间扩展是典型的由中心向周边扩散，并且根据其扩散的空间路径不同，呈现出波状扩散、辐射扩散、等级扩散和跳跃扩散等形式，不同的形式对应不同的城镇体系。诸多学者将城市扩散空间过程作为研究焦点，并从经济和社会方面提出诸多理论和假说，如"增长极理论"（佩鲁），"极化增长学说"（赫希等人），"经济增长阶段学说"（罗斯），"核心—外围"模式（弗里德曼）。

（2）社会统筹发展视角

诸多学者从社会统筹视角进行了大量研究和探索。如美国学者弗里德曼认为城市化是个随时间而变化的演进过程，因此，他把城市化的过程划分为两个阶段。城市化第一阶段主要体现在物化的过程，人口和非农业活动在城市某个空间开始集聚，并且外部景观也逐步转化为城市型景观；城市化第二阶段主要是强调精神上的城市化，即城市文化、生活方式和价值观的转变和扩散[18]。

（二）城镇化水平测度研究

城镇化水平的测度包括城镇化程度度量和城镇现代化水平综合评价两方面。前者通常用城镇化率来表现，即通过城镇人口占总人口的比重来衡量；后者城镇现代化水平评价则通过定量的综合集成法来衡量。

1.测度指标选择法

城镇化水平测度可以用单一指标或复合指标来进行。单一指标是通过人口指标来度量城镇化的水平，优势是能从数量上简单直观地表现城镇化程度；缺点是较难从空间视角来分析社会资源集聚的原因、动力、机制和影响因素，并且由于统计数据的不连续性，对单一指标进行时间序列分析变得困难。复合指标是选择系列与城镇化密切相关的指标进行综合分析，涵盖人口变化、经济发展、社会进步和空间优化等方面。

2. 人口比重法

人口比重法分为单一指标法和复合指标法。单一指标法是通过计算城镇人口占地区总人口的比重，把城镇化水平划分为三种类型，即高速发展城镇化（城镇化水平增加值大于 25%）、中速发展城镇化（城镇化水平增加值为 15%—25%）和低速发展城镇化（城镇化水平增加值为 5%—15%）[19]。复合指标法主要有三种类型：一是城镇人口比重与城乡人口比例，即城镇人口比重 = 城镇人口 / 总人口，城乡人口比例 = 城镇人口 / 乡村人口；二是城镇平均人口；三是人口的分布基尼系数。

3. 城市化与工业化关系法

对城市化与工业化的关系研究比较典型的学者是哈佛大学经济学家霍利斯·钱纳里，通过选取全球 90 个国家和地区为典型研究区域，探讨工业化与城市化之间的关系，他的研究表明，人均 GDP、工业化和城市化三者之间存在相关关系，并且这种相关关系呈现出显著的正相关，即人均 GDP 和工业化水平越高，相应的城市化水平也越高。通过数据测算，如英国、法国和美国等发达国家的工业化水平与城市化水平也呈现显著的正相关关系。国内有学者利用城镇化同工业化和非农化的相关关系对城镇化水平进行估算[20]，还有学者认为钱纳里模式存在不足，认为虽然相关测算能表明城市化与工业化存在相关关系，但研究结果不能反映二者之间的变化情况，更不能体现二者之间随区域不同而表现的变化过程，因此对钱纳里研究方法进行改进，用劳动力份额的变动来表述工业化水平，来分析二者之间的互动关系，并用城镇人口比重的变动值和农业劳动力份额的变动值构建二者的比率，来分析和评价工业化与城市化二者水平的协调程度[21]。

4. 经济发展与城市化关系法

国外学者研究了经济增长和城市化总量之间的相关性。国内学者周一星通过收集 137 个国家的典型数据，分析人均 GDP 和城市化之间的相关分析，结果表明二者之间的对数呈现正比关系。

5. 综合指标法

目前城镇化涵盖的范围并没有统一标准，导致目前的评价指标体系尚未统一。基本是从人口、经济、社会、空间、生态等方面构建指标体系。

二、生态文明建设研究综述

2023 年 7 月 16 日，通过中国知网以生态文明建设为篇名，检索结果如图 4-4 所示。

图 4-4 文献检索图

总体趋势分析如图 4-5 所示。

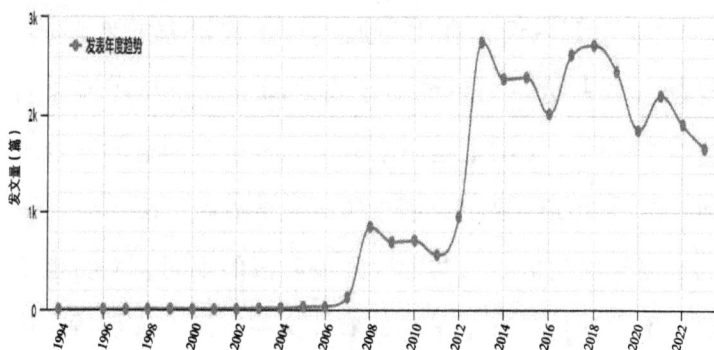

图 4-5 总体趋势分析

主要主题分布情况如图 4-6 所示

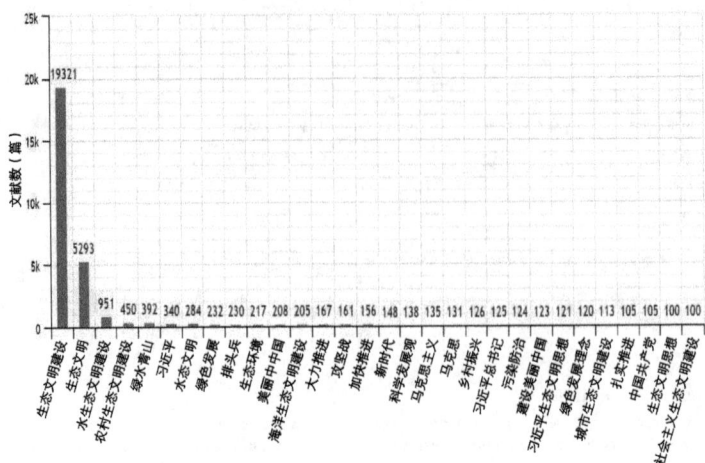

图 4-6　主要主题分布图

（一）生态文明建设内涵研究

"生态"一词是在古希腊词语中表示家或者环境，现在通常表明一个系统中生物之间、生物与环境之间的共生影响。文明则是用来表征人类所能创造的财富总和，既有物质维度也有精神维度。从时间尺度上，文明也是逐步演化的，人类社会发展阶段的不同，文明也表现出不同的特征和水平，如农业文明、工业文明等；从要素维度，构成文明有机系统的基本要素大致都是相同的。

1.经济层面的生态文明建设

生态文明从经济视角看，主要是表明经济活动的开展、物质财富的创造和生活水平的提高，都以生态文明为前置条件，秉承可持续发展理念，节约集约利用资源，不仅要尊重自然、顺应自然、保护自然，更要保护自然。发展生态经济，既要"量"，更要有"质"，兼顾保护和经济的平衡关系。

2. 文化层面的生态文明建设

从文化层面看生态文明建设，就是要提出和弘扬人与自然和谐相处的文化价值观，通过宣传教育，对广大民众普及生态知识，树立文明理念，为生态文明建设提供智力支持和价值导向；在行为层面要把人与自然和谐相处的观念，具体落到每一个人的实际行动中去。是指人类在发展中保护生态环境、追求可持续的一切活动的成果，通常涵盖价值观念、思维方式等 [22]。

3. 制度层面的生态文明建设

制度具有引导性和强制性特征，政府作为政策和制度的供给者，相关政策和制度安排是其重要职能。生态伦理制度建设是一个庞大的系统工程，需要全社会参与，更需要从技术、体制、文化等各个方面全方位建设。制度安排对生态文明建设的引导作用不容忽视，通过制度来规范人的行为活动，降低对环境的负面影响，因此，可以通过制度来保障生态文明建设，即通过制度培育生态环境道德、规范生态环境保护、激励生态经济建设。

（二）生态文明建设测度研究

生态文明的建设应该是中国特有的概念，但外国专家对可持续发展的统计指标是"生态足迹"，通过一定的人口和经济规模条件的计算，以此为基础的所需要的吸收废弃物和生产消费资源的土地面积来表征可持续发展程度[23]。生态文明建设是一项系统综合工程，涵盖多学科知识，如生态学、管理学、经济学、社会学和农学等，因此，需要用复合学科的评价方法来全方位多视角评价生态文明建设。

1. 综合指数评价法

此种方法的优点是突出了生态文明建设评价的综合性、层次性和可比性，可根据各个子系统的综合得分值对不同地区、不同时期的生态质量进行横向比较；该方法的局限是对各指标难以赋权与准确定量，并且评价指标标准值也难以确定，即因各地区实际情况的差异，要建立起一套衡量各个区域生态文明建设的定量参照系较为困难。

2. 德尔菲法

这种方法的优点是它不仅能用于量化或收集数据，又能对生态文明建设的指标进行定量评价；缺点是可操作性相对较差，受主观因素影响较大，使评价指标的量化排序结果的可靠性降低。

3. 模糊综合评价法

此种方法需要采用模型，模型的选择是基于生态文明的复杂性与模糊性，因此需要专家的经验与适当的数学方法来处理模糊的评价对象。在使用过程中，要对每个目标、每个因素确定隶属函数，计算过程过于烦琐。

4. 全排列多边形图示指标法

该方法改变了传统的简单加权多维乘积求和，评估专家不需要主观评价，只需要确定指标的上限、下限和临界值，减少了主观随意性，增强了评价结果的精准程度和评价过程的客观性；缺点是仅能求得指标的相对值，而不是绝对值，而且只是估算出一个数值，而不是精确的实际值。此外，该方法仍然需要专家估算各级指标的临界值，因此，仍然具有一定的主观性。

三、城镇化与生态文明建设关系研究

（一）城镇化与生态文明建设协调发展内涵

沈清基认为城镇化对区域发展具有较大的作用，从而可以产生正、负效应[24]。因此，必须对城镇化的负面效应加以限制，其中的关键举措之一是在生态文明建设的基础上推进城镇化，在推进城镇化的同时强化生态文明建设，确保城镇化与生态文明建设能够步调一致，并且在时间、空间、功能、水平等诸多方面保持协调。

（二）城市化与生态环境相互关系

（1）国外研究

在 19 世纪末期，城市规划学家从规划角度研究二者之间的关系，英国的 Howard 在《田园城市》中首次对城市化与生态环境的协调发展进行了论述与规划，在社会上引起强烈关注。在第 20 世纪初，社会学家开始关注城市化与生态环境的关系。芝加哥社会学派的生态学家帕克教授提出了"城市生态学"概念，这标志着人类开始运用人类生态学方法对城市可持续发展等一系列问题进行研究。同时，还有学者通过生态学的基本理论和规划方法探讨了世界特大城市因过度城市化带来的城市生态环境问题。《寂静的春天》详细描述了城市生态环境目前的现状、存在的问题，并对破坏情况进行了分析，在广大学者中引起强烈反响，积极展开对城镇化与生态环境关系的研究。在 20 世纪 80 年代，"可持续发展"和"生态城市"的概念被相继提出，许多学者开始对城市的可持续发展和生态规划展开研究[25-27]。美国人口咨询局以 151 个国家和地区的统计资料，通过计量模型构建研究模型，分析结果表明，城市化水平和人均GDP之间存在关联性，呈现正相关特性。还有学者认为增加国民经济财富的技术手段与经济发展水平和阶段密切相关。经济发展水平较低时，国民经济收入的增加主要使用高耗能和高污染的技术手段；经济发展水平在处于相对较高的发展阶段时，清洁技术将会被广泛应用，从而取代高污染、高耗能的技术，也就是说，清洁技术具有阈值效应，只要达到阈值才能使城市经济社会可持续发展，因此，倒"U"曲线说明了城市经济发展水平和生态环境之间的关系。美国经济学家库兹涅茨使用相关数据，模拟了经济发展和生态环境之间的关系，并提出了著名的"环境库兹涅茨曲线"。

（2）国内研究

国内研究进展截止到目前，国内城市化与生态环境耦合研究还处于起步阶段，总的来说，可以概括为以下几个阶段：

①定性分析阶段

马传栋就怎样实现城市发展、社会进步以及生态环境之间的协调，加强城市生态建设的综合管理提出了有益的看法；侯笠夫、李广臣等认为人作为城市系统的主体，综合利用并优化配置资源，以综合效益最大化为目标开展综合生态系统建设；胡滨论证了城市建设和生态环境协调发展的重要意义，并以城市建设管理为视角提出二者协调发展的对策建议。

②定量分析阶段

陈予群根据城市建设的实况，以城市管理理论为基础，使用数量统计、投入产出等定量分析方法，探索城市经济与生态环境二者协调发展；王宏伟等使用多目标决策模型探讨城市经济与生态经济协调发展路径；张妍等使用因子分析法，定量分析了经济发展水平与生态环境的耦合关系，并对耦合机制展开深入探讨，以解决城市发展中出现的环境问题。

③城市化与生态环境耦合机制阶段

方创琳等学者认为城市与生态环境二者存在耦合关系，这种耦合关系并非处于平衡和静止状态，但确实客观存在，表现为非线性协同律、耦合裂变律、随机涨落律、动态层级律、阈值律和预警律六大规律[28-30]。乔标等研究也同样表明城市与生态环境之间存在耦合协调关系，并通过动态耦合模型来验证二者之间动态演进、相关影响的互动关系，其研究结果表明城市化与生态环境协调发展将经历四个阶段，即初级协调共生发展阶段—协调发展阶段—极限发展阶段—螺旋式上升阶段，城市化与城市生态环境耦合系统的各要素之间相互作用并相互制约，由初级协调共生向高级协调发展的螺旋式上升过程是二者耦合协调关系的本质体现，并进一步通过构建表征二者特点的数学模型，以干旱区为研究区域，对生态脆弱区域的城市化与生态环境的耦合机制展开深入探索 [31]。刘耀彬等首先从理论体系入手，借助耗散理论构建了城市化与生态环境协同发展的理论体系，并通过主成分加权合成方法，建立了城市化与生态环境二者协调水平的综合测度模型，其研究结果充分表明，城市化与生态环境的发展水平和趋势存在明显差异，因此，二者在不同阶段的耦合类型也存在不同 [32-39]。赵宏林等则选取表征城市特征的 18 项指标和表现生态文明建设的 12 项指标，通过构建城市化与生态环境关联耦合模型，计算城市化指标和生态文明建设指标的关联度和耦合度，并在时间和空间尺度上分析二者的时序规律，进而揭示城市化进程中的生态环境耦合协调特征和规律 [40-41]。王学山等以社会福利最大化为研究的基本准则，利用数学模型和系统工程理论，计算了环境投资的最佳水平，认为在环境质量渐变演化过程中，不仅经济增长对生态环境造成影响，其他要素如居民人均收入水平、非环保产业的投资额度和环境科技的创新能力等对生态环境的影响也呈现出线性相关关系。马利邦等选取了城市化水平测量指标和生态环境水平测量指标，通过耦合协调发展模型，用数据分析了二者的时序变化规律，其研究结果表明，城市化指数呈现线性增长，同时生态环境指数也是线性增长，二者之间的协调发展指数同样表现为上升的线性增长[42]。卢斌莹等则运用GIS技术，通过栅格数据开展城市化与生态环境耦合关系的网格化研究，因其研究尺度细化，其研究结果与现状更加契合，对二者之间的关系描述更加精确，同时运用元胞自动机CA、BP神经网络系统相结合的模型对格网化的研究成果进行了预测，此方法比使用比传统的基于统计数据的分析预测方法精度有所提高。任志远等使用传统的研究方法——层次分析法（AHP）来构建指标体系和权重值，来分析城市化与生态环境的互动关系，将城市化与生态环境系统的关系分为低级共生、协调发展、极限发展和再生发展4个阶段演化周期，根据耦合度为45°时耦合效果最佳的理论与实践，将协调发展阶段分为不同类型[43]。

四、研究述评

本研究拟在目前对城市化与生态环境关联耦合方面

众多研究的基础上，以城镇化与生态文明建设的角度加以拓展、深入。对城镇化评价，通常从人口城镇化的角度来衡量城镇化指标，围绕人口城镇化率这一单指标展开，无法诠释新型城镇化发展的丰富内涵，尤其是质量和效益的全面反映。因此，城镇化的评价要从人口城镇化、空间城镇化、经济城镇化、社会城镇化四个方面开展。对生态文明建设的评价，如为了获取数据的便利，选取一些关联性不太强的指标，则无法反映生态文明建设的真实水平，因此，应根据生态文明建设的内涵和意义，选取与其本质密切关联、可比性强的指标，建立科学合理的生态文明建设评价指标体系。

（一）研究视角

目前，诸多国内外学者从城市化和城市生态环境二者耦合协调关系进行了大量的研究，并对城市化与生态环境的关系进行了探讨，但以城镇化与生态文明建设关系为视角展开研究的较少。结合中国国情，以城镇化开展研究更加贴切，并且生态环境仅仅是生态文明建设的一部分（生态文明建设涵盖五大部分，即生态环境、生态经济、生态人居、生态文化、生态制度），从研究的完整性角度应以生态文明建设更为合理。

中国如果要实现美丽中国梦，必须走可持续发展的道路，同步推进城镇化和生态文明建设，遵循党的二十大的指导思想，突出生态文明建设在城镇化进程中的基础地位和前置条件，符合"绿色发展、循环发展、低碳发展"的理念，提高城镇的综合生态城镇能力，以生态文明建设理念引导城镇化高质量推进，并以新型城镇化为载体，给生态文明建设提供物质空间，使城镇化与生态文明建设二者能协同发展。

（二）研究方法

现有城市化与生态环境的耦合动态研究主要是对二者关系的协调度评价和协调类型划分，并逐步从静态、定性分析演化到动态定量评价，基本形成了二者耦合关系研究的理论和实践基础。但目前来看，对城镇化与生态文明建设进行关联耦合研究，如何判断拐点，如何进行优化调控，还没有比较完整的方法体系。

（三）研究意义

1. 学术可行性

文献分析来看，目前分别以"城镇化""生态文明"为研究对象的较多，但将"城镇化"与"生态文明"进行关联耦合研究的文献很少（截至 2021 年 7 月 6 日，在中国知网以"城镇化 + 生态文明建设"为题名检索，仅搜索到各类文献共 362 篇）。基于城镇化推进过程中会对生态环境造成影响，以及新型城镇化建设应以生态文明建设为前提的判断，开展城镇化与生态文明建设的关联耦合研究具有一定的学术可行性和学术价值。

2. 实践必要性

城镇化是拉动区域经济增长的重要动力，从而具有正、负效应。为中国梦的顺利实现，要对城镇化的负面效应加以限制和引导，必须以生态文明理念为基础开展城镇化建设。在推进城市化和推进生态文明建设的同时，城镇化的速度、规模、强度要与生态环境、综合城镇能力相匹配，保证城镇化的发展不超出处于生态环境的阈值范围内。

（四）研究价值

1. 理论价值。有助于完善城镇化与生态文明建设的相互作用机理，从而进一步丰富城市地理学的理论体系。

2. 实践价值。京津冀一体化发展处于关键的推进时期，城镇化和生态文明建设既是国家战略，也是研究的热点和现实发展的难点，从时空角度定量揭示出城镇化与生态文明建设相互关联耦合的主导因素及耦合协调程度，进而提出达到二者的协同发展的政策建议，无论对各级政府还是相关学者都具有借鉴意义。

3. 主要观点。分别从城镇化和城市生态环境为角度开展的研究较多，并且现有研究对城市化与城市生态环境的耦合关系也展开了大量的有益探索和研究，但以城镇化与生态文明建设二者关联耦合关系为视角展开研究的较少。因此，将城镇化与生态文明建设作为一个系统进行研究，特别是从系统的、综合的、动态的、定量化的、大尺度的、空间化的角度深入研究两者的关系并且提出确实可行的对策及建议，无论是理论贡献还是实践借鉴都具有重要意义。

4. 创新之处。目前，对城市化与城市生态环境的关系也展开了有益的探索和研究，但以城镇化与生态文明建设关系为视角展开研究的较少。结合中国国情，以城镇化开展研究更加贴切。

第五章　实证研究

一、研究区域与数据来源

以京津冀地区为研究单元，以 2005—2019 年间社会经济和生态环境数据为研究对象，分析 2005 年以来京津冀地区的城市化与生态环境耦合协调变化的特征。

自改革开放以来，京津冀地区经济发展迅速，以北京和天津为经济增长的龙头，带动了京津冀地区经济的腾飞，使京津冀地区成为中国区域经济增长最快、经济发展水平最高的地区增长极之一。伴随着京津冀经济的快速发展，区域内部资源环境问题也日益突出，在快速城市化背景下，如何实现城市化与生态环境协调发展将是京津冀地区面临的新挑战。

注：数据来自《中国统计年鉴》（中国统计出版社，1985—2020）、《中国农村统计年鉴》（中国统计出版

社，1985—2020）、《中国教育统计年鉴》（中国统计出
版社，1987—2020）、《中国区域统计年鉴》（中国统计
出版社，2000—2020）、《中国城市统计年鉴》（中国统
计出版社，1991—2020）、《新中国六十年统计资源汇
编》（中国统计出版社，1949—2008）及北京、天津统
计年鉴、河北经济年鉴和相关经济社会、环境等公报。

二、京津冀城镇化综合评价

（一）指标体系构建

评价时对城镇化系统选取人口城镇化、空间城镇
化、经济城镇化及社会城镇化等方面 14 个指标构成综
合评价体系（表 5-1）。

1. 指标选取原则

（1）全面性原则。城镇化是人口、空间、经济、社
会协调发展的过程，指标体系充分反映"人口城镇化、
空间城镇化、经济城镇化、社会城镇化"内涵，扩大与
城镇化相关内容的覆盖面，全面反映城镇化的内涵。

（2）可获得性原则。指标选取越多，越能提供丰富
的信息，但由于数据可得性的因素，只选择可以获得的
数据。大部分数据能够通过相关年鉴获取，少量指标可
以通过政府有关职能部门对外公布的指标获取，所选取

的指标易于获得、易于计算。

（3）代表性原则。城镇化评价指标体系包括多方面内容，而且每个方面都由众多指标构成，因此在选择指标时应选取能够突出反映发展特色的指标。重点选择人口城镇化、空间城镇化、经济城镇化、社会城镇化四方面具有代表性的因素指标，避免指标过多过乱，影响评价城镇化发展质量。

（4）可比性原则。城镇化评价指标体系的建立要求能准确、科学地反映城镇化发展水平和质量，指标的选取要具有独立性、层次性、代表性和科学性，做到各个指标之间和各层次之间不出现重复、隶属、涵盖、包含的关系，从不同角度、不同层次衡量和反映城镇化质量和水平。

表 5-1　城镇化综合评价指标体系

目标	二级指标	三级指标
城镇化	人口城镇	城镇人口占比重（%）
		第三产业就业人数占比（%）
	空间城镇化	建成区面积（km^2）
		城市人口密度（人 /km^2）
		人均道路面积（km^2/ 人）
	经济城镇化	人均 GDP（元）
		第三产业增加值占 GDP 比重（%）
		人均财政收入（元）
		城镇居民人均可支配收入（元）

目标	二级指标	三级指标
城镇化	社会城镇化	人均社会零售消费品总额（万元／人）
		万人拥有公交车辆数
		上网人数比重
		拥有卫生人员数量比重
		普通高等学校在校学生数比重

2.确定权重

利用变异系数法确定指标权重，能充分利用指标本身所提供的信息，可以防止因指标量纲不同而对权重产生影响，因而更能反映指标的相对重要程度。

$$V_i = \frac{\sigma_i}{\overline{X}_i} ，（i=1,2,\cdots,n）$$

公式中，V_i 是第 i 项指标的变异系数；σ_i 是第 i 项指标的标准差；$\overline{X}_i$ 是第 i 项指标的平均数。

各指标权重为：

$$W_i = \frac{V_i}{\sum_{i=1}^{n} V_i} ，（i=1,2,\cdots,n）$$

表 5-2 指标体系权重

二级指标	权重	三级指标	权重
人口城镇	0.35	城镇人口占比重（%）	0.55
		第三产业就业人数占比（%）	0.45
空间城镇化	0.20	建成区面积（km²）	0.31
		城市人口密度（人/km²）	0.46
		人均道路面积（km²/人）	0.23

续表

二级指标	权重	三级指标	权重
经济 城镇化	0.30	人均 GDP（元）	0.20
		第三产业增加值占 GDP 比重（%）	0.22
		人均财政收入（元）	0.18
		城镇居民人均可支配收入（元）	0.14
社会 城镇化	0.15	人均社会零售消费品总额（万元/人）	0.134
		万人拥有公交车辆数	0.304
		上网人数比重	0.244
		拥有卫生人员数量比重	0.164
		普通高等学校在校学生数比重	0.154

（二）人口城镇化指标评价

1. 城镇人口比重指标

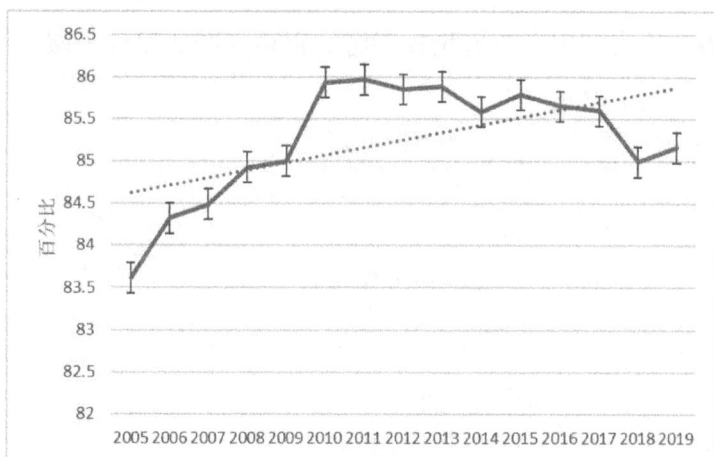

图 5-1　北京城镇人口比重（2005—2019 年）

如图 5-1 所示，北京城镇人口比重总体呈现从增到减的趋势，15 年中，2011 年达到峰值，以后逐步趋缓。

（2）天津

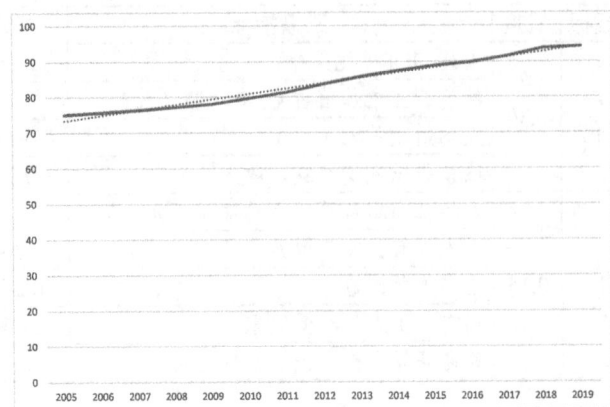

图 5-2 天津城镇人口比重（2005—2019 年）

如图 5-2 所示，天津城镇人口比重总体呈现增加趋势，近十年中一直有增加趋势，但增加趋势比较平缓。

（3）河北

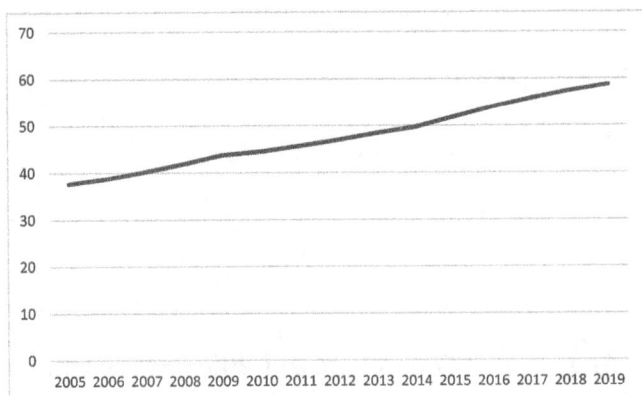

图 5-3 河北城镇人口比重（2005—2019 年）

如图 5-3 所示，河北城镇人口比重总体呈现增加趋势，近十年中一直有增加趋势。

（4）京津冀

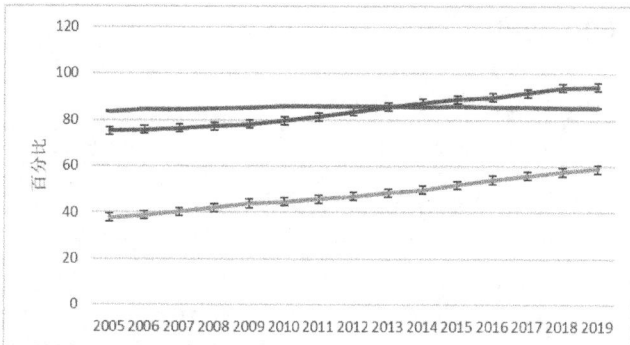

图 5-4 京津冀城镇人口比重（2005—2019 年）

如图 5-4 所示，总体来看，城镇人口比例北京和天津大于河北，并且北京和天津的比例相对较高，2014 年左右天津的城镇人口比例高于北京。

2.第三产业就业人数占比指标

（1）北京

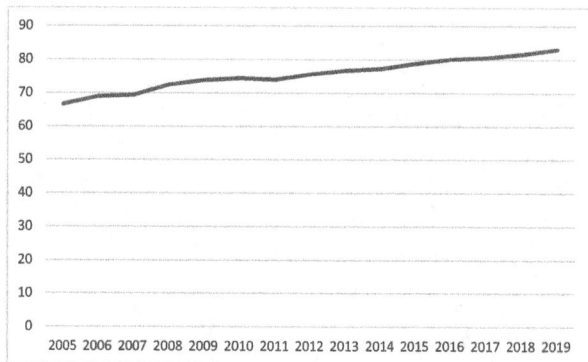

图 5-5 北京第三产业就业人数占比（2005—2019 年）

如图 5-5 所示，北京第三产业就业人数比重较高，有逐年增加趋势。

（2）天津

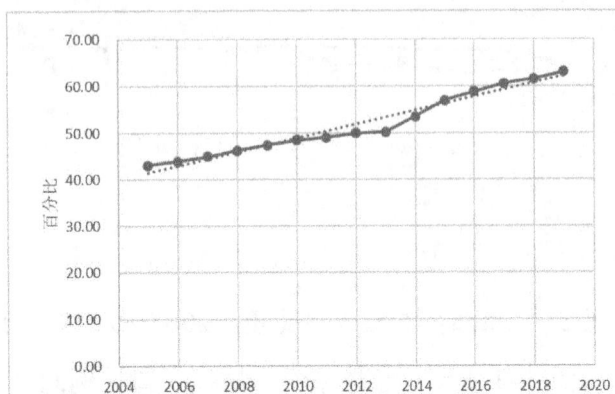

图 5-6 天津第三产业就业人数占比（2005-2019 年）

如图 5-6 所示，天津第三产业就业人数增长较为平稳，整体有增加趋势。

（3）河北

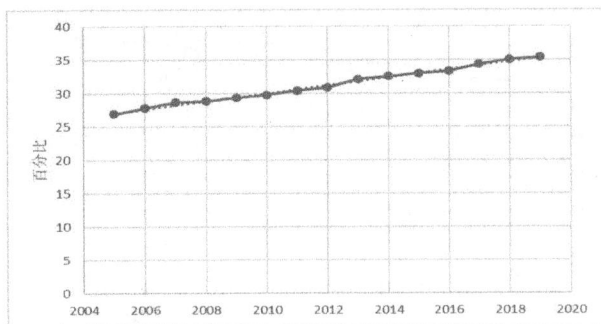

图 5-7 河北第三产业就业人数占比（2005-2019 年）

如图 5-7 所示,河北第三产业就业人数总体较低,且增长缓慢,增加幅度也相对不高。

（4）京津冀

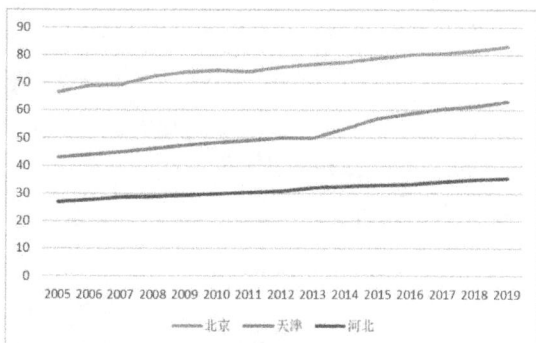

图 5-8 京津冀第三产业就业人数占比（2005—2019 年）

如图 5-8 所示,京津冀三地区第三产业就业人数占比北京大于天津,天津大于河北,北京增加的速度相对较快,三地均有逐年增加趋势。

（三）空间城镇化指标评价

1. 建成区面积指标

（1）北京

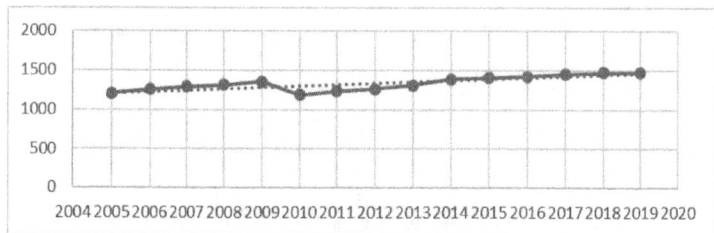

图 5-9 北京建成区面积（2005—2019）

如图 5-9 所示，北京建成区面积不断增加，整体呈现增加趋势，从 2018 年开始呈现停止增加态势。

（2）天津

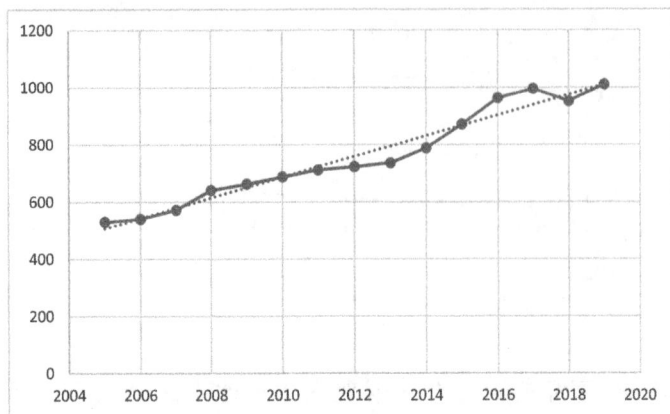

图 5-10 天津建成区面积（2005—2019 年）

如图 5-10 所示，天津建成区面积不断增加，并且增加趋有变动。

（3）河北

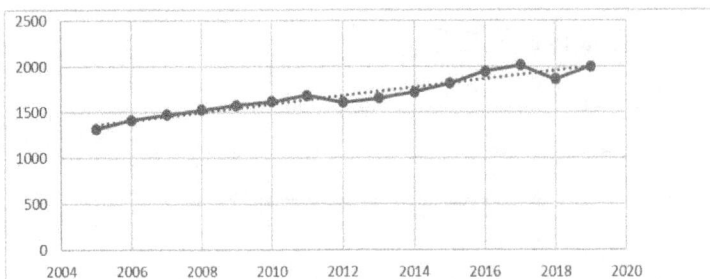

图 5-11 河北建成区面积（2005—2019 年）

如图 5-11 所示，河北建成区面积不断增加，增加幅度相对较大。

（4）京津冀

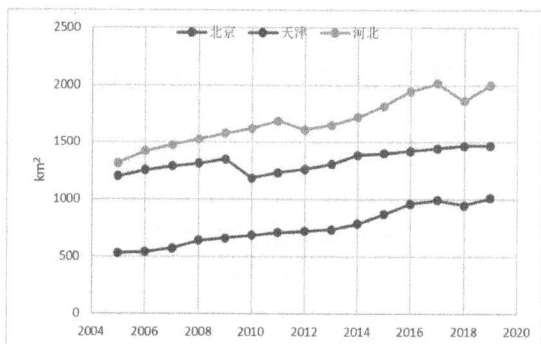

图 5-12 京津冀建成区面积（2005-2019 年）

如图 5-12 所示，京津冀建成区面积，河北大于北京，北京大于天津，整体都呈现出增加趋势。

2.城市人口密度指标

（1）北京

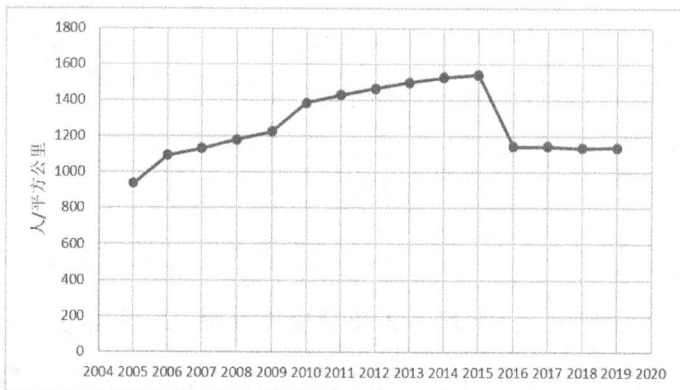

图 5-13 北京城市人口密度（2005-2019 年）

如图 5-13 所示，北京城市人口密度 2016 年是拐点，之后基本保持平稳状态。

（2）天津

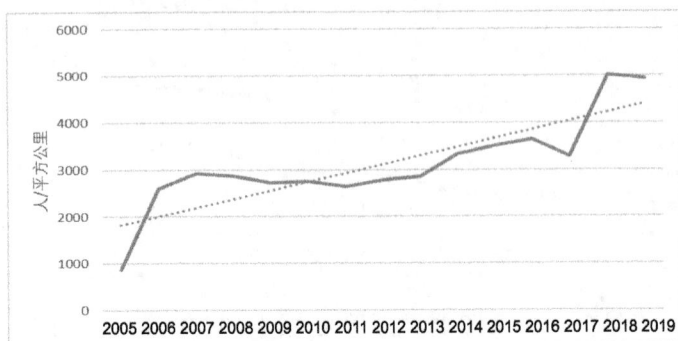

图 5-14 天津市城市人口密度（2005-2019 年）

如图 5-14 所示，天津城市人口密度持续增加，增加幅度相对较为陡峭，2017 年是拐点。

（3）河北

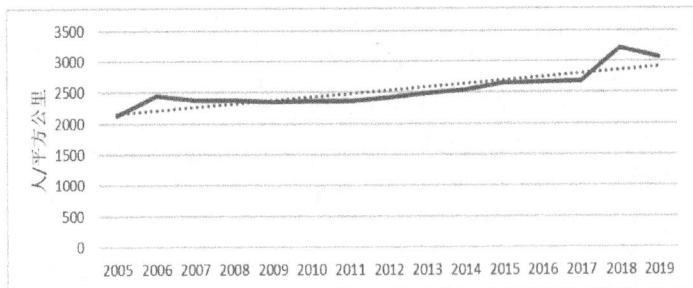

图 5-15 河北城市人口密度（2005-2019 年）

如图 5-15 所示，河北城市人口密度持续增长，整体呈现平稳趋势。

（4）京津冀

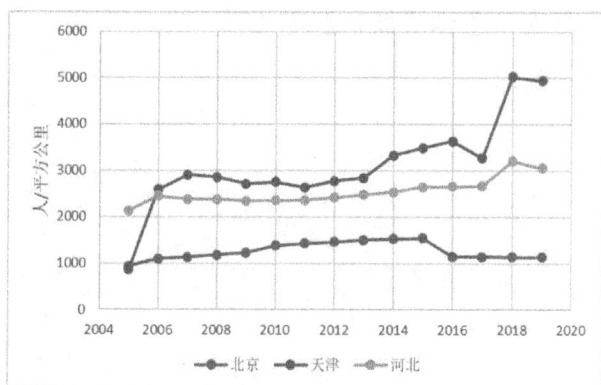

图 5-16 京津冀城市人口密度（2005-2019 年）

如图 5-16 所示，京津冀城市人口密度，天津大于河北，河北大于北京，天津增长幅度较大，北京呈现趋于平缓趋势。

3. 人均道路面积指标

（1）北京

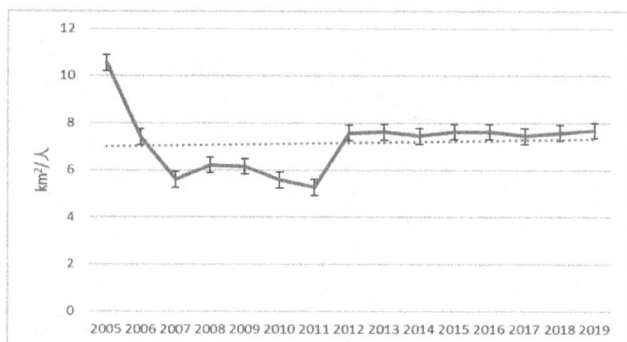

图 5-17 北京人均道路面积（2005-2019 年）

如图 5-17 所示，北京人均道路面积呈现先减后增趋势，与人口急剧增加有密切关联。

（2）天津

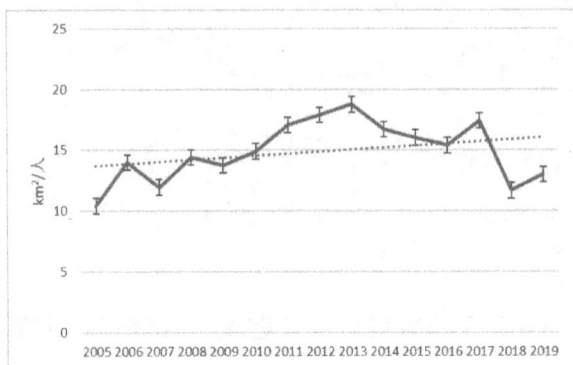

图 5-18 天津人均道路面积（2005-2019 年）

如图 5-18 所示，天津人均道路面积虽有波动，但总体呈现增加趋势，且增幅相对较缓。

（3）河北

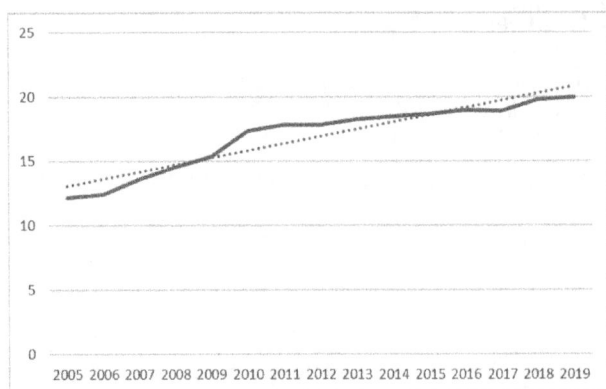

图 5-19 河北人均道路面积（2005-2019 年）

如图 5-19 所示，河北人均道路面积持续增加，增加较为迅速。

（4）京津冀

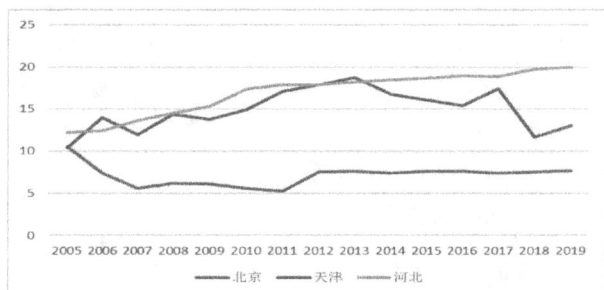

图 5-20　京津冀人均道路面积（2005-2019 年）

如图 5-20 所示，京津冀三地人均道路面积，河北大于天津，天津大于北京，且均呈现稳步增长趋势。

（四）经济城镇化指标评价

1. 人均 GDP 指标

（1）北京

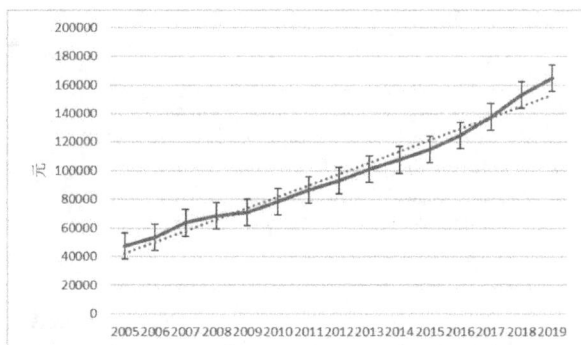

图 5-21　北京人均 GDP（2005-2019）

如图 5-21 所示，北京人均 GDP 整体呈现稳步增长趋势。

（2）天津

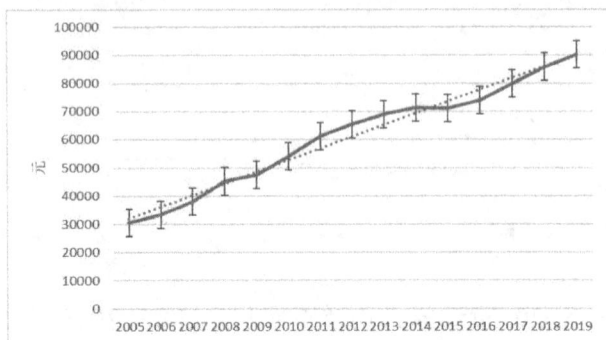

图 5-22 天津人均 GDP（2005-2019 年）

如图 5-22 所示，天津人均 GDP 近十年持续增长，2016 年左右略有停滞。

（3）河北

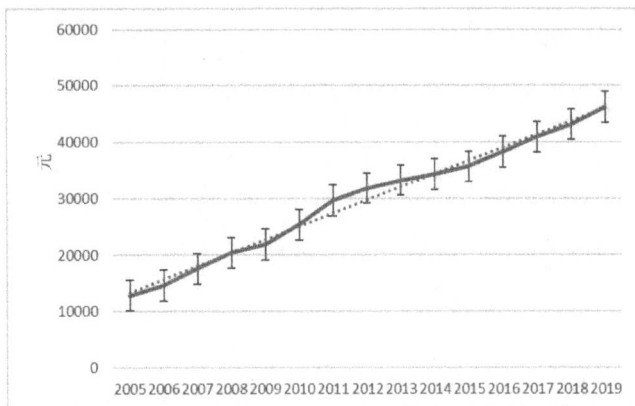

图 5-23 河北人均 GDP（2005-2019 年）

如图 5-23 所示，河北人均 GDP 近十年持续增长。

（4）京津冀

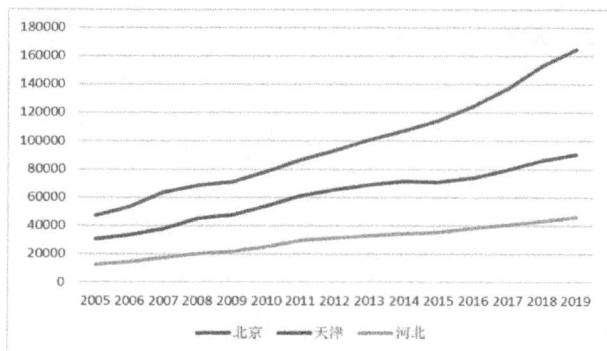

图 5-24 京津冀人均 GDP（2005-2019）

如图 5-24 所示，京津冀人均 GDP，北京高于天津，天津高于河北，并且北京持续增长趋势强劲。

2. 第三产业增加值占 GDP 比重指标

（1）北京

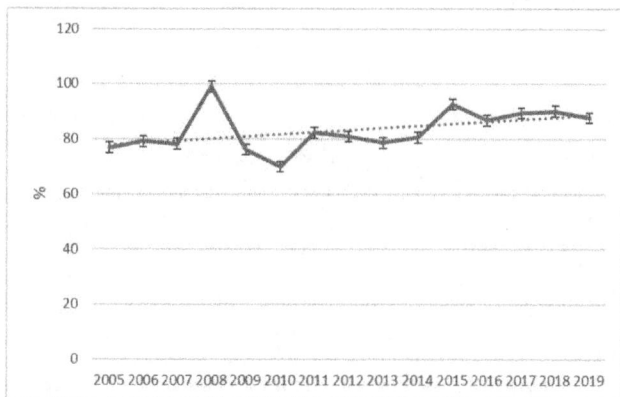

图 5-25 北京第三产业增加值占 GDP 比重（2005-2019 年）

如图 5-25 所示，北京第三产业增加值占 GDP 比重持续增加，近 5 年增加趋势趋缓。

（2）天津

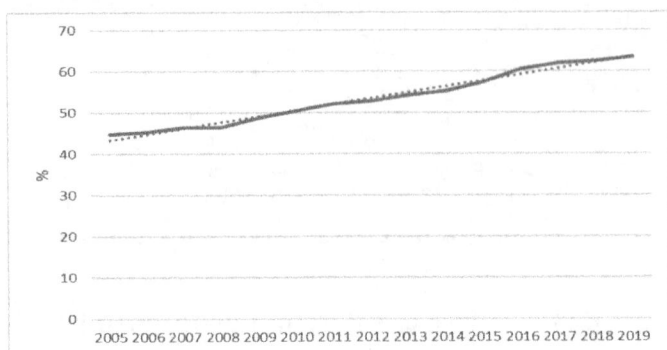

图 5-26　天津第三产业增加值占 GDP 比重（2005-2014 年）

如图 5-26 所示，天津第三产业增加值占 GDP 比重持续增加，但期间出现波动。

（3）河北

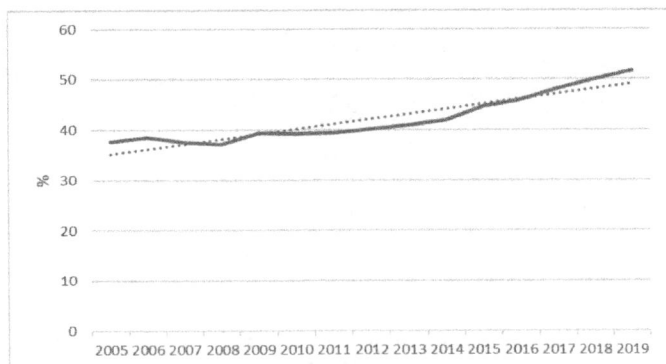

图 5-27　河北第三产业增加值占 GDP 比重（2005-2019 年）

如图 5-27 所示，河北第三产业增加值占 GDP 比重呈现波动增长，近年增长势头强劲。

（4）京津冀

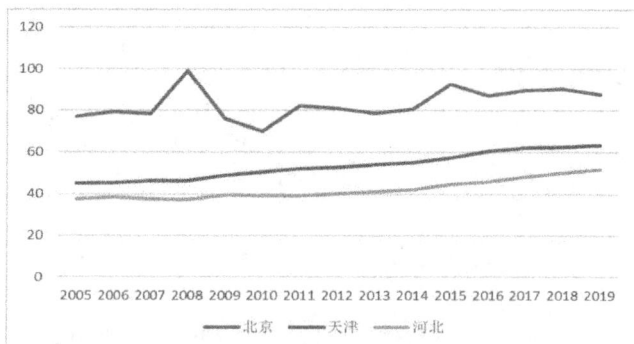

图 5-28　京津冀第三产业增加值占 GDP 比重（2005-2019 年）

如图 5-28 所示，京津冀第三产业增加值占 GDP 比重，北京高于天津，天津高于河北，均呈现增加趋势。

3. 人均财政收入指标

（1）北京

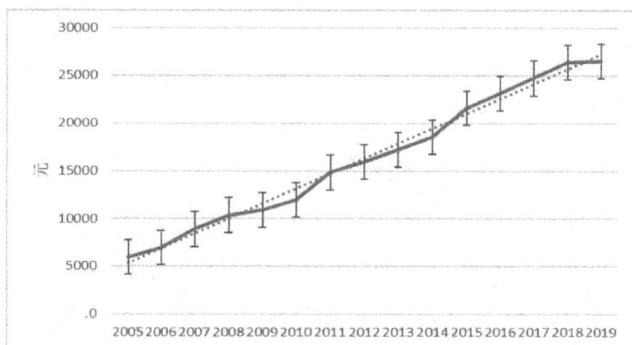

图 5-29　北京人均财政收入（2005-2019 年）

如图 5-29 所示，北京人均财政收入，整体呈现增加趋势，并且增加幅度相对较大。

（2）天津

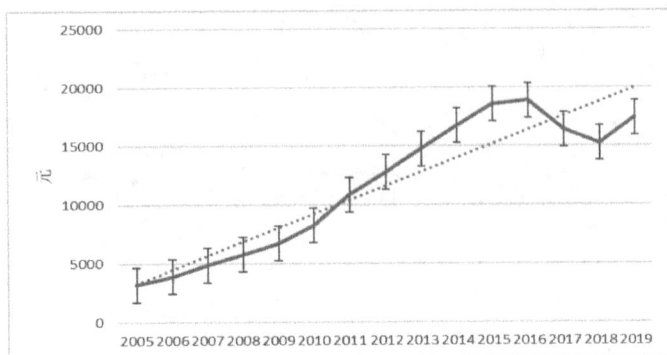

图 5-30 天津人均财政收入（2005-2019 年）

如图 5-30 所示，天津人均财政收入，整体呈现增加趋势，点 2016 出现下降，到 2018 是拐点。

（3）河北

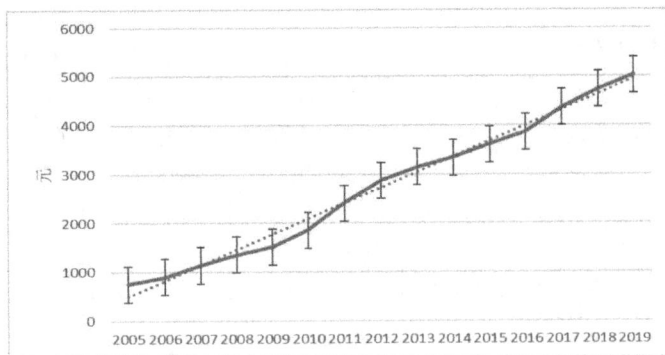

图 5-31 河北人均财政收入（2005-2019 年）

如图 5-31 所示，河北人均财政收入，整体呈现增加趋势，并且增加幅度相对较大。

4.城镇居民人均可支配收入指标

（1）北京

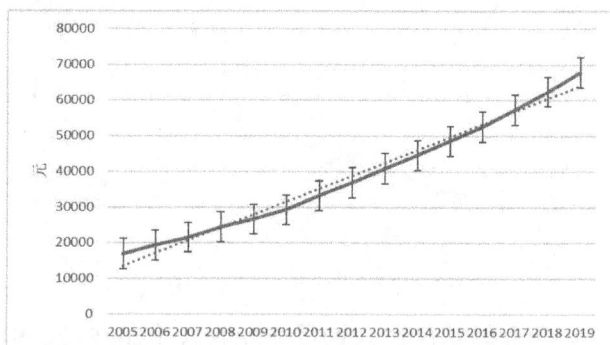

图 5-32 北京城镇居民人均可支配收入（2005-2019 年）

如图 5-32 所示，北京城镇居民人均可支配收入，整体呈现增加趋势，并且增加幅度相对较大。

（2）天津

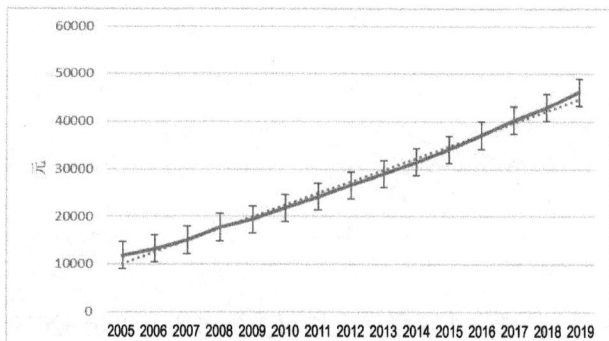

图 5-33 天津城镇居民人均可支配收入（2005-2019 年）

如图 5-33 所示，天津城镇居民人均可支配收入，整体呈现增加趋势。

（3）河北

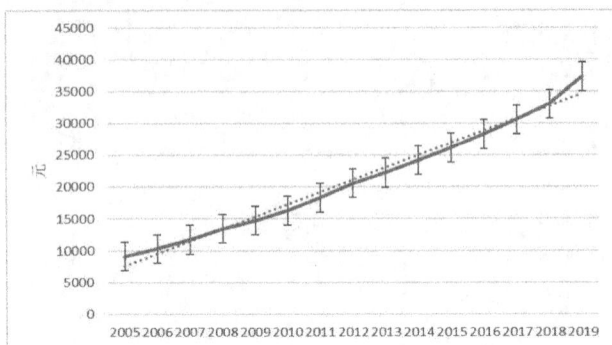

图 5-34 河北城镇居民人均可支配收入（2005-2019 年）

如图 5-34 所示，河北城镇居民人均可支配收入，整体呈现增加趋势。

（4）京津冀

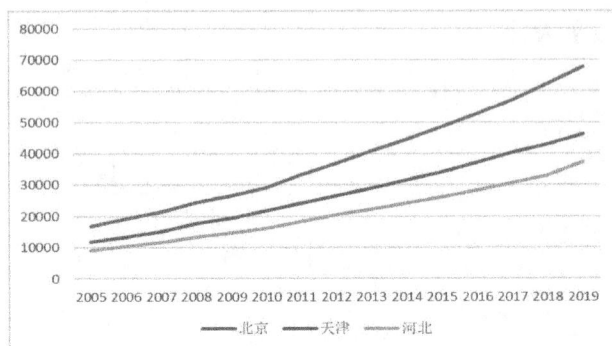

图 5-35 京津冀城镇居民人均可支配收入（2005-2019 年）

如图 5-35 所示，京津冀城镇居民人均可支配收入，整体呈现增加趋势，北京高于天津，天津高于河北。

（五）社会城镇化指标评价

1. 人均社会零售消费品总额指标

（1）北京

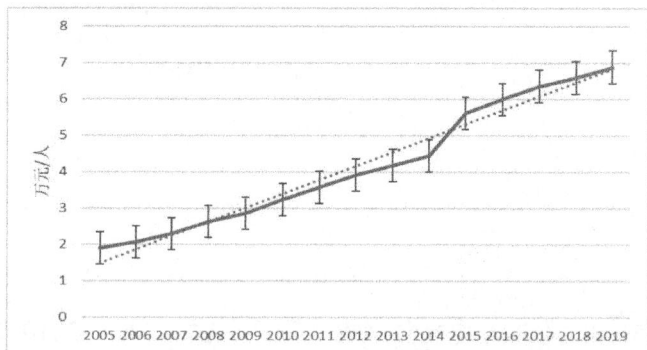

图 5-36　北京人均社会零售消费品总额（2005-2019 年）

如图 5-36 所示，北京人均社会零售消费品总额，整体呈现增加趋势，且近年增长幅度强劲。

（2）天津

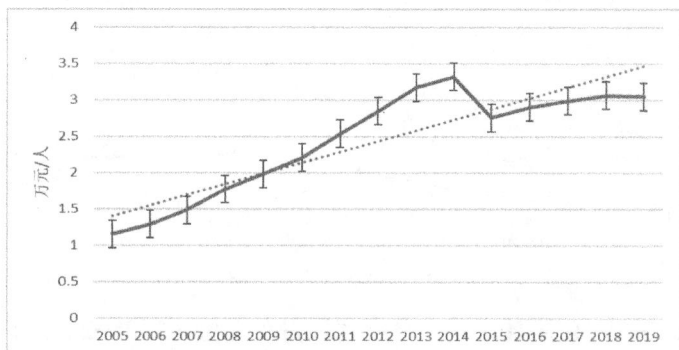

图 5-37　天津人均社会零售消费品总额（2005-2019 年）

如图 5-37 所示，天津人均社会零售消费品总额，整体呈现增加趋势，近年增长趋缓。

（3）河北

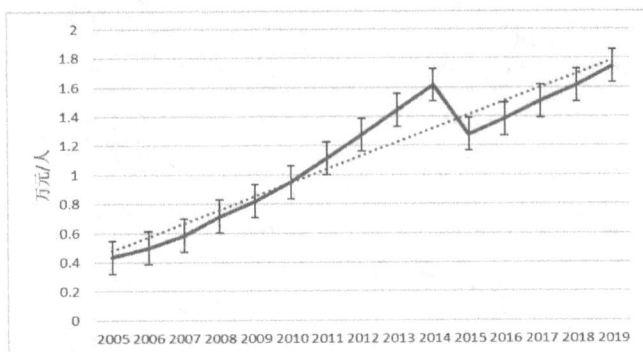

图 5-38 河北人均社会零售消费品总额（2005-2019 年）

如图 5-38 所示，河北人均社会零售消费品总额，整体呈现增加趋势，2015 年左右出现拐点。

（4）京津冀

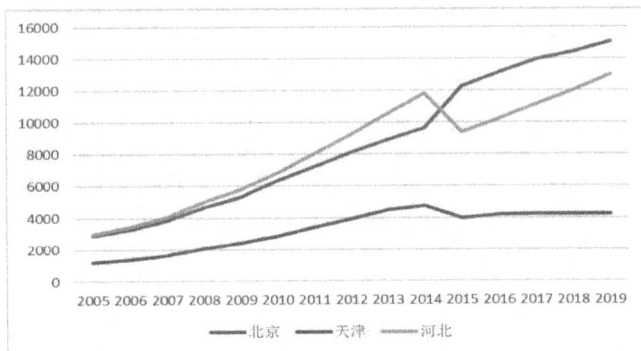

图 5-39 京津冀人均社会零售消费品总额（2005-2019 年）

如图 5-39 所示，京津冀人均社会零售消费品总额，整体呈现增加趋势，2015 年后北京高于天津，天津高于河北，河北近年趋于平缓。

2. 万人拥有公交车辆数

（1）北京

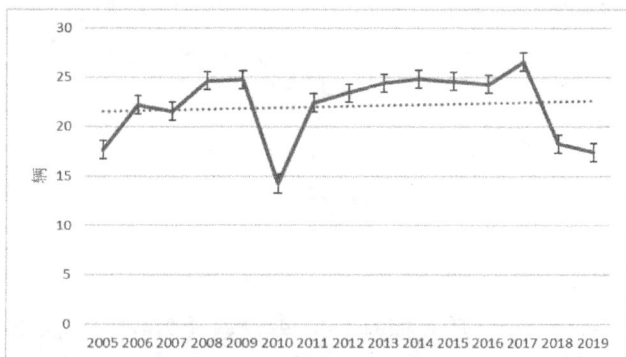

图 5-40 北京万人拥有公交车辆数（2005-2019 年）

如图 5-40 所示，北京万人拥有公交车辆数，波动起伏较大。

（2）天津

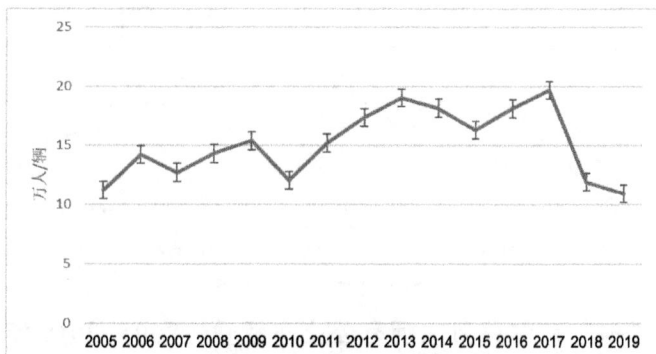

图 5-41 天津万人拥有公交车辆数（2005-2019 年）

如图 5-41 所示，天津万人拥有公交车辆数，波动相对较大。

（3）河北

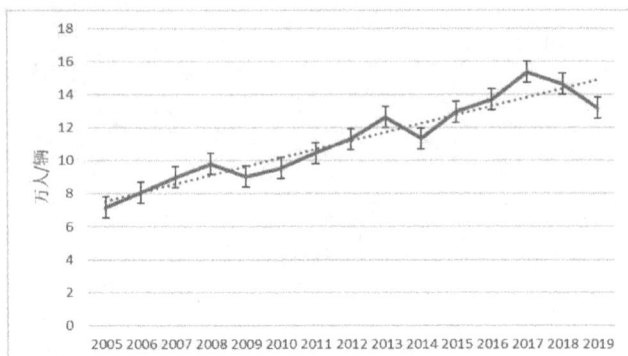

图 5-42 河北万人拥有公交车辆数（2005-2019 年）

如图 5-42 所示，河北万人拥有公交车辆数，整体呈现波动增长趋势。

（4）京津冀

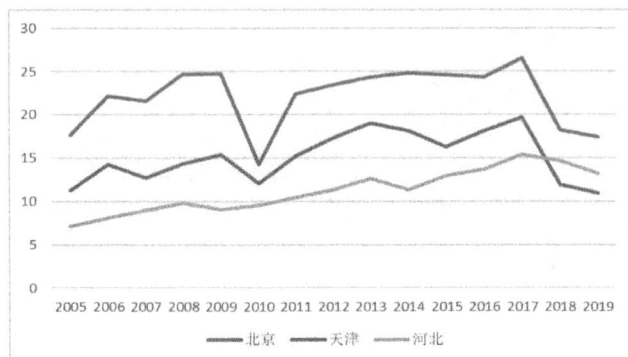

图 5-43 京津冀万人拥有公交车辆数（2005-2019 年）

如图 5-43 所示，京津冀万人拥有公交车辆数，整体呈现波动增长趋势，北京高于天津，天津高于河北，但近年河北增长趋势超过天津。

3. 上网人数比重

（1）北京

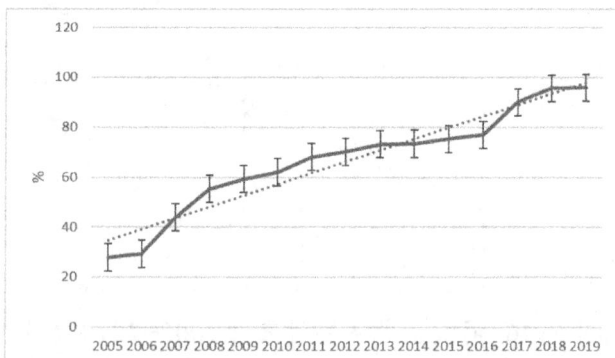

图 5-44 北京上网人数比重（2005-2019 年）

如图 5-44 所示，北京上网人数比重整体呈现增加趋势，且增长幅度较大。

（2）天津

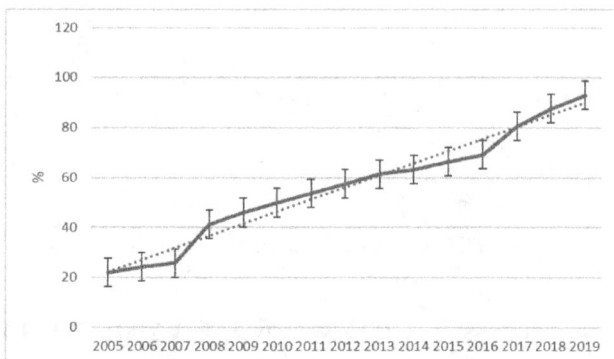

图 5-45 天津上网人数比重（2005-2019 年）

如图 5-45 所示，天津上网人数比重整体呈现增长趋势，且增长幅度较大。

（3）河北

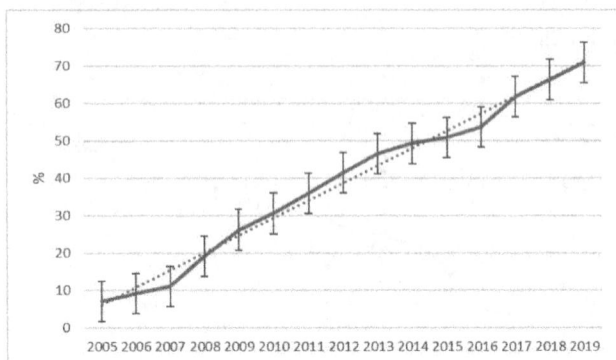

图 5-46 河北上网人数比重（2005-2019 年）

如图 5-46 所示，河北上网人数比重整体呈现增长趋势，且增长幅度较大。

（4）京津冀

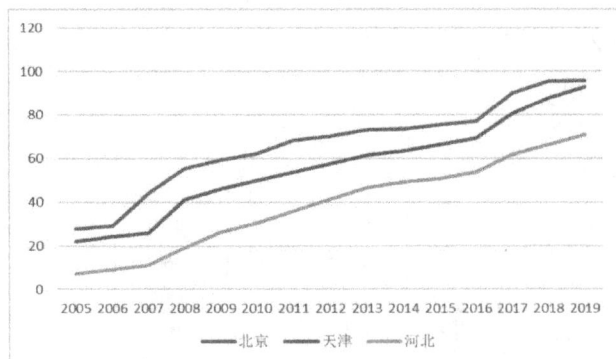

图 5-47 京津冀万人互联网上网人数（2005-2019 年）

如图 5-47 所示，京津冀上网人数比重整体呈现增长趋势，且增长幅度较大，北京高于天津，天津高于河北。

4. 拥有卫生人员数量比重

（1）北京

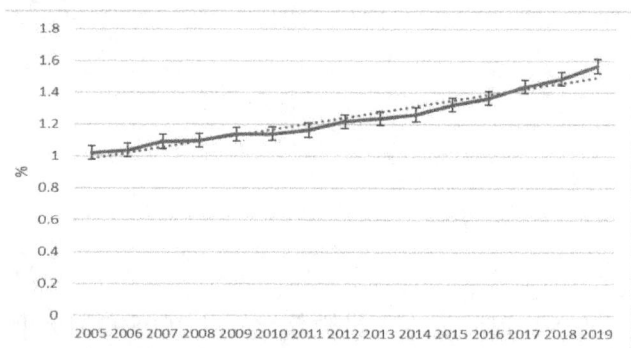

图 5-48　北京卫生人员数量比重（2005-2019 年）

如图 5-48 所示，北京卫生人员数量比重整体呈现增长趋势。

（2）天津

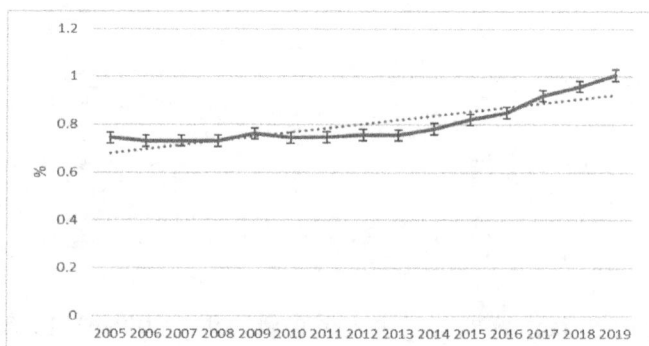

图 5-49　天津卫生人员数量比重（2005-2019 年）

如图 5-49 所示，天津卫生人员数量比重整体呈现缓和增加趋势。

（3）河北

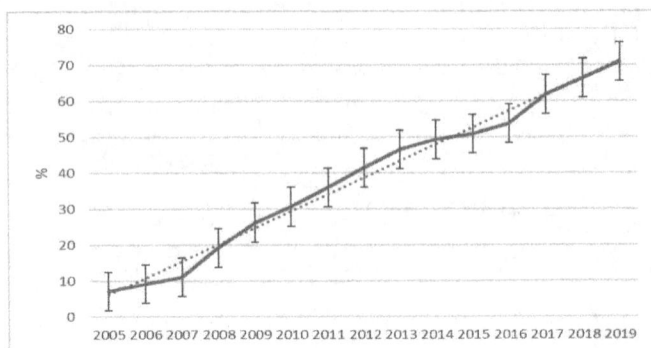

图 5-50 河北卫生人员数量比重（2005-2019 年）

如图 5-50 所示，河北拥有卫生人员数量比重整体呈现快速增长趋势。

（4）京津冀

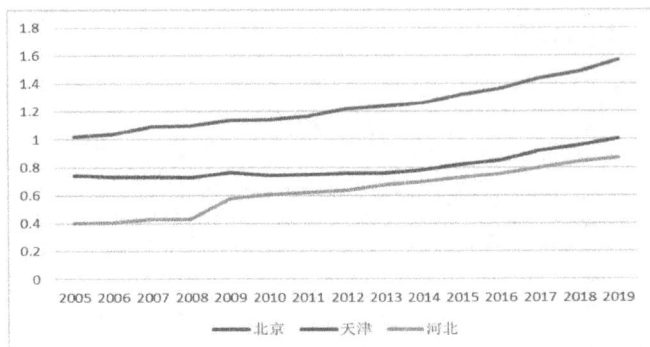

图 5-51 京津冀拥有卫生人员数量比重（2005-2019 年）

如图 5-51 所示，京津冀万人卫生人员数量比重，北京高于天津，天津高于河北，均呈现增长趋势。

5.普通高等学校在校学生数比重

（1）北京

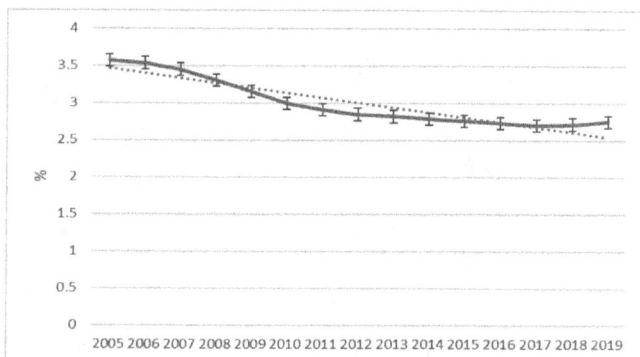

图5-52 北京普通高等学校在校学生数比重（2005-2019年）

如图 5-52 所示，北京普通高等学校在校学生数比重整体呈现减少趋势，推测与人口结构与人口数量有关系。

（2）天津

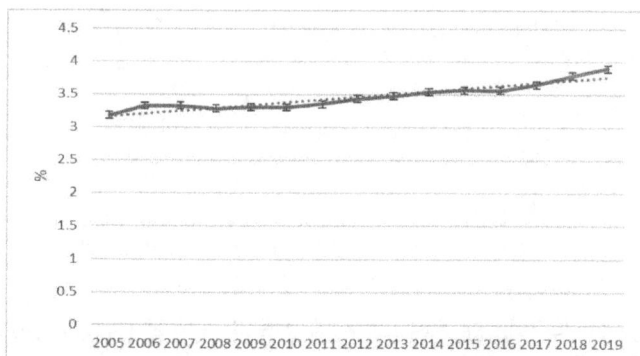

图5-53 天津普通高等学校在校学生数比重（2005-2019年）

如图 5-53 所示，天津普通高等学校在校学生数比重整体呈现平缓增长趋势。

（3）河北

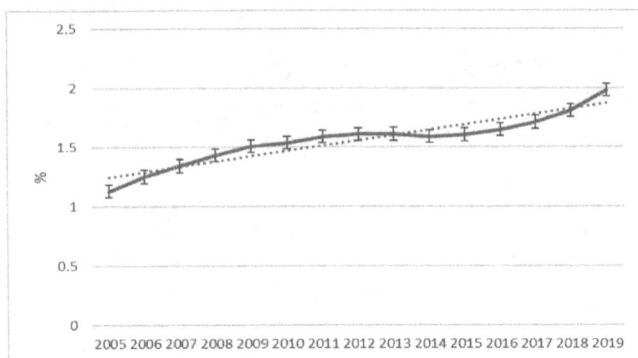

图5-54 河北普通高等学校在校学生数比重（2005-2019年）

如图 5-54 所示，河北普通高等学校在校学生数比重整体呈现增长趋势。

（4）京津冀

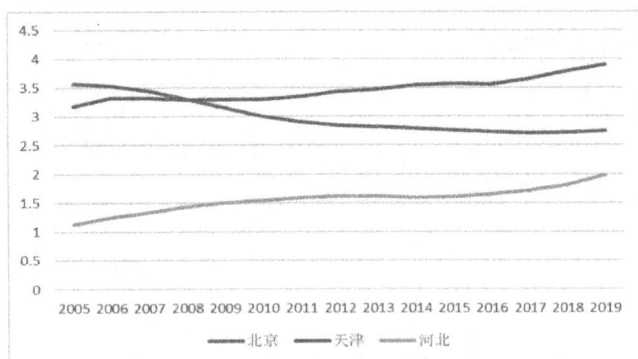

图 5-55 京津冀普通高等学校在校学生数比重（2005-2019 年）

如图 5-55 所示，京津冀普通高等学校在校学生数比重整体呈现增长趋势，目前天津高于北京，北京高于河北。

（六）城镇化综合评价

1. 北京城镇化综合指数

（1）人口城镇化综合得分

首先采用极差标准化法对原始指标进行标准化处理。

正向指标：$x'_i = (x_i - \min x_i) / (\max x_i - \min x_i)$

负向指标：$x'_i = (\max x_i - x_i) / (x_i - \min x_i)$

表 5-3　北京人口城镇化指标标准值

年份	城镇人口比重	第三产业就业人数占比
2005	0	0
2006	0.300520785	0.139393939
2007	0.370454623	0.163636364
2008	0.55610852	0.351515152
2009	0.588500601	0.436363636
2010	0.984847741	0.472727273
2011	1	0.448484848
2012	0.950452921	0.545454545
2013	0.963444231	0.612121212
2014	0.836102712	0.648484848
2015	0.922545444	0.739393939
2016	0.864370288	0.818181818
2017	0.842222711	0.848484848
2018	0.584623446	0.909090909
2019	0.656412765	1

表 5-4　北京人口城镇化综合得分

年份	城镇人口比重	第三产业就业人数占比
2005	0	0
2006	0.165286432	0.062727273
2007	0.203750043	0.073636364
2008	0.305859686	0.158181818
2009	0.32367533	0.196363636
2010	0.541666258	0.212727273
2011	0.55	0.201818182
2012	0.522749107	0.245454545
2013	0.529894327	0.275454545
2014	0.459856492	0.291818182
2015	0.507399994	0.332727273
2016	0.475403658	0.368181818
2017	0.463222491	0.381818182
2018	0.321542895	0.409090909
2019	0.361027021	0.45

（2）空间城镇化综合得分

首先采用极差标准化法对原始指标进行标准化处理。

正向指标：$x'_i = (x_i - \min x_i)/(\max x_i - \min x_i)$

负向指标：$x'_i = (\max x_i - x_i)/(x_i - \min x_i)$

表 5-5 北京空间城镇化指标标准值

年份	建成区面积	城市人口密度	人均城市道路面积
2005	0.049469965	0	1
2006	0.240282686	0.259933775	0.404536862
2007	0.363957597	0.322847682	0.064272212
2008	0.441696113	0.40397351	0.179584121
2009	0.5795053	0.475165563	0.168241966
2010	0	0.738410596	0.058601134
2011	0.159010601	0.812913907	0
2012	0.265017668	0.872516556	0.436672968
2013	0.424028269	0.928807947	0.444234405
2014	0.706713781	0.973509934	0.412098299
2015	0.759717314	1	0.446124764
2016	0.826855124	0.344370861	0.446124764
2017	0.918727915	0.342715232	0.412098299
2018	1	0.329470199	0.436672968
2019	1	0.331125828	0.457466919

表 5-6 北京空间城镇化综合得分

年份	建成区面积	城市人口密度	人均城市道路面积
2005	0.015335689	0	0.23
2006	0.074487633	0.119569536	0.093043478
2007	0.112826855	0.148509934	0.014782609
2008	0.136925795	0.185827815	0.041304348
2009	0.179646643	0.218576159	0.038695652
2010	0	0.339668874	0.013478261
2011	0.049293286	0.373940397	0

续表

年份	建成区面积	城市人口密度	人均城市道路面积
2012	0.082155477	0.401357616	0.100434783
2013	0.131448763	0.427251656	0.102173913
2014	0.219081272	0.44781457	0.094782609
2015	0.235512367	0.46	0.102608696
2016	0.256325088	0.158410596	0.102608696
2017	0.284805654	0.157649007	0.094782609
2018	0.31	0.151556291	0.100434783
2019	0.31	0.152317881	0.105217391

（3）经济城镇化综合得分

首先采用极差标准化法对原始指标进行标准化处理。

正向指标：$X'_i = (X_i - \min X_i)/(\max X_i - \min X_i)$

负向指标：$X'_i = (\max X_i - X_i)/(X_i - \min X_i)$

表5-7 北京经济城镇化指标标准值

年份	人均GDP	第三产业增加值占GDP比重	人均财政收入	城镇居民人均可支配收入
2005	0.00	0.237931034	0	标准
2006	0.05	0.317241379	0.048634781	0.00
2007	0.14	0.286206897	0.142300025	0.05
2008	0.18	1	0.213637394	0.09
2009	0.20	0.213793103	0.239012138	0.15
2010	0.27	0	0.292485687	0.19
2011	0.33	0.424137931	0.431203034	0.24
2012	0.39	0.379310345	0.484606816	0.32

年份	人均GDP	第三产业增加值占GDP比重	人均财政收入	城镇居民人均可支配收入
2013	0.46	0.3	0.546604546	0.39
2014	0.51	0.365517241	0.61077805	0.47
2015	0.58	0.779310345	0.758458209	0.54
2016	0.66	0.582758621	0.834210405	0.62
2017	0.77	0.672413793	0.912113577	0.70
2018	0.90	0.696551724	0.991912331	0.79
2019	1.00	0.613793103	1	0.89

表 5-8 北京经济城镇化综合得分

年份	人均GDP	第三产业增加值占GDP比重	人均财政收入	城镇居民人均可支配收入
2005	0	0.052344828	0	0
2006	0.010751314	0.069793103	0.008754261	0.006717704
2007	0.028115283	0.062965517	0.025614005	0.01266419
2008	0.03648461	0.22	0.038454731	0.020676425
2009	0.040774912	0.047034483	0.043022185	0.026727619
2010	0.053124441	0	0.052647424	0.03403579
2011	0.066854091	0.093310345	0.077616546	0.044892393
2012	0.078292057	0.083448276	0.087229227	0.054907986
2013	0.091829172	0.066	0.098388818	0.065944794
2014	0.102817321	0.080413793	0.109940049	0.076008271
2015	0.115068026	0.171448276	0.136522478	0.086924353
2016	0.131857796	0.128206897	0.150157873	0.098124758
2017	0.154144197	0.147931034	0.164180444	0.111049834
2018	0.180552219	0.153241379	0.17854422	0.125162267
2019	0.200092008	0.135034483	0.18	0.140000327

（4）社会城镇化综合得分

首先采用极差标准化法对原始指标进行标准化处理。

正向指标：$x'_i = (x_i - \min x_i) / (\max x_i - \min x_i)$

负向指标：$x'_i = (\max x_i - x_i / (x_i - \min x_i)$

表 5-9 北京社会城镇化指标标准值

年份	人均社会零售消费品总额	万人拥有公交车辆数	上网人数比重	拥有卫生人员数量比重	普通高等学校在校学生数比重
2005	0.00	0.28	0.000	0.00	1.00
2006	0.03	0.65	0.021	0.03	0.96
2007	0.08	0.59	0.237	0.13	0.87
2008	0.15	0.85	0.404	0.14	0.70
2009	0.19	0.85	0.462	0.22	0.52
2010	0.27	0.00	0.503	0.22	0.34
2011	0.34	0.66	0.592	0.26	0.23
2012	0.41	0.75	0.622	0.36	0.17
2013	0.46	0.82	0.667	0.40	0.13
2014	0.51	0.86	0.669	0.44	0.10
2015	0.75	0.84	0.697	0.55	0.07
2016	0.82	0.82	0.722	0.63	0.03
2017	0.89	1.00	0.913	0.76	0.00
2018	0.94	0.32	0.995	0.86	0.01
2019	1.00	0.26	1.000	1.00	0.05

表 5-10 北京社会城镇化综合得分

年份	人均社会零售消费品总额	万人拥有公交车辆数	上网人数比重	拥有卫生人员数量比重	普通高等学校在校学生数比重
2005	0.000	0.084	0.000	0.000	0.154
2006	0.005	0.196	0.005	0.006	0.148
2007	0.011	0.181	0.058	0.022	0.133
2008	0.020	0.258	0.099	0.023	0.108
2009	0.026	0.260	0.113	0.035	0.081
2010	0.036	0.000	0.123	0.036	0.052
2011	0.045	0.201	0.144	0.043	0.036
2012	0.054	0.227	0.152	0.060	0.025
2013	0.061	0.251	0.163	0.065	0.021
2014	0.069	0.262	0.163	0.073	0.015
2015	0.100	0.255	0.170	0.091	0.010
2016	0.110	0.249	0.176	0.103	0.005
2017	0.120	0.304	0.223	0.125	0.000
2018	0.126	0.099	0.243	0.140	0.002
2019	0.134	0.078	0.244	0.164	0.008

（5）综合指数

表 5-11 北京城镇化综合指数

年份	人口城镇化	空间城镇化	经济城镇化	社会城镇化	总计
2005	0.00	0.00	0.02	0.04	0.06
2006	0.08	0.05	0.03	0.05	0.21
2007	0.10	0.06	0.04	0.06	0.26
2008	0.16	0.06	0.09	0.08	0.39
2009	0.18	0.07	0.05	0.08	0.38

年份	人口城镇化	空间城镇化	经济城镇化	社会城镇化	总计
2010	0.26	0.09	0.04	0.04	0.43
2011	0.26	0.07	0.08	0.07	0.48
2012	0.27	0.08	0.09	0.08	0.52
2013	0.28	0.12	0.10	0.08	0.58
2014	0.26	0.13	0.11	0.09	0.59
2015	0.29	0.15	0.15	0.09	0.68
2016	0.30	0.16	0.15	0.10	0.71
2017	0.30	0.10	0.17	0.12	0.69
2018	0.26	0.11	0.19	0.09	0.65
2019	0.28	0.11	0.20	0.09	0.68

图 5-56 北京城镇化综合指数（2005-2019 年）

如图 5-56 所示，北京城镇化综合评价中，截至 2019 年，人口城镇化水平高于经济城镇化，经济城镇化高于空间城镇化，空间城镇化略高于社会城镇化。

2. 天津城镇化综合指数

（1）人口城镇化综合得分

首先采用极差标准化法对原始指标进行标准化处理。

正向指标：$X'_i = (X_i - \min X_i) / (\max X_i - \min X_i)$

负向指标：$X'_i = (\max X_i - X_i) / (X_i - \min X_i)$

表 5-12 天津人口城镇化指标标准值

年份	城镇人口比重	第三产业就业人数占比
2005	0	0
2006	0.034016348	0.139393939
2007	0.06556502	0.163636364
2008	0.112107346	0.351515152
2009	0.154149111	0.436363636
2010	0.237308772	0.472727273
2011	0.325514109	0.448484848
2012	0.446941203	0.545454545
2013	0.551943676	0.612121212
2014	0.642666354	0.648484848
2015	0.720124261	0.739393939
2016	0.76896749	0.818181818
2017	0.864183472	0.848484848
2018	0.980608181	0.909090909
2019	1	1

表 5-13 天津人口城镇化综合得分

年份	城镇人口比重	第三产业就业人数占比
2005	0	0
2006	0.018708991	0.062727273
2007	0.036060761	0.073636364
2008	0.06165904	0.158181818
2009	0.084782011	0.196363636
2010	0.130519825	0.212727273
2011	0.17903276	0.201818182
2012	0.245817662	0.245454545
2013	0.303569022	0.275454545
2014	0.353466495	0.291818182
2015	0.396068344	0.332727273
2016	0.42293212	0.368181818
2017	0.47530091	0.381818182
2018	0.539334499	0.409090909
2019	0.55	0.45

（2）空间城镇化综合得分

首先采用极差标准化法对原始指标进行标准化处理。

正向指标：$X'_i = (X_i - \min X_i) / (\max X_i - \min X_i)$

负向指标：$X'_i = (\max X_i - X_i) / (X_i - \min X_i)$

表 5-14　天津空间城镇化指标标准值

年份	建成区面积	城市人口密度	人均城市道路面积
2005	0	0	0
2006	0.020819035	0.415843968	0.428571429
2007	0.087439945	0.493378281	0.183673469
2008	0.231091283	0.480375632	0.477791116
2009	0.274811256	0.446183482	0.402160864
2010	0.326858842	0.454851914	0.537815126
2011	0.376824525	0.426920299	0.797118848
2012	0.399725463	0.462075608	0.896758703
2013	0.428872112	0.476763785	1
2014	0.535049188	0.593546834	0.756302521
2015	0.707847175	0.633036359	0.673469388
2016	0.899382292	0.668432458	0.597839136
2017	0.968085106	0.581025765	0.840336134
2018	0.876481354	1	0.151260504
2019	1	0.981459186	0.308523409

表 5-15　天津空间城镇化综合得分

年份	建成区面积	城市人口密度	人均城市道路面积
2005	0	0	0
2006	0.006453901	0.191288225	0.098571429
2007	0.027106383	0.226954009	0.042244898
2008	0.071638298	0.220972791	0.109891957
2009	0.085191489	0.205244402	0.092496999
2010	0.101326241	0.209231881	0.123697479
2011	0.116815603	0.196383337	0.183337335
2012	0.123914894	0.21255478	0.206254502

年份	建成区面积	城市人口密度	人均城市道路面积
2013	0.132950355	0.219311341	0.23
2014	0.165865248	0.273031543	0.17394958
2015	0.219432624	0.291196725	0.154897959
2016	0.278808511	0.307478931	0.137503001
2017	0.300106383	0.267271852	0.193277311
2018	0.27170922	0.46	0.034789916
2019	0.31	0.451471226	0.070960384

（3）经济城镇化综合得分

首先采用极差标准化法对原始指标进行标准化处理。

正向指标：$X'_i = (X_i - \min X_i)/(\max X_i - \min X_i)$

负向指标：$X'_i = (\max X_i - X_i)/(X_i - \min X_i)$

表5-16 天津经济城镇化指标标准值

年份	人均GDP	第三产业增加值占GDP比重	人均财政收入	城镇居民人均可支配收入
2005	0.00	0.00	0.00	0.00
2006	0.05	0.02	0.04	0.04
2007	0.12	0.08	0.11	0.09
2008	0.25	0.09	0.16	0.17
2009	0.28	0.21	0.22	0.22
2010	0.39	0.30	0.32	0.29
2011	0.51	0.38	0.49	0.36
2012	0.58	0.42	0.61	0.43
2013	0.64	0.50	0.74	0.50

续表

年份	人均GDP	第三产业增加值占GDP比重	人均财政收入	城镇居民人均可支配收入
2014	0.68	0.55	0.86	0.57
2015	0.68	0.67	0.98	0.65
2016	0.73	0.84	1.00	0.74
2017	0.83	0.92	0.84	0.83
2018	0.93	0.95	0.77	0.91
2019	1.00	1.00	0.91	1.00

表 5-17 天津经济城镇化综合得分

年份	人均GDP	第三产业增加值占GDP比重	人均财政收入	城镇居民人均可支配收入
2005	0	0.00	0.00	0
2006	0.00956111	0.00	0.01	0.005828775
2007	0.024907969	0.02	0.02	0.013164377
2008	0.049335194	0.02	0.03	0.024041191
2009	0.056916172	0.05	0.04	0.030759908
2010	0.078956481	0.07	0.06	0.040680497
2011	0.102771848	0.08	0.09	0.050312965
2012	0.116921887	0.09	0.11	0.060228698
2013	0.128994302	0.11	0.13	0.070003757
2014	0.136595451	0.12	0.16	0.080320894
2015	0.136000403	0.15	0.18	0.090920251
2016	0.145443849	0.18	0.18	0.103205955
2017	0.1656385	0.20	0.15	0.116144047
2018	0.18554067	0.21	0.14	0.127165693
2019	0.2	0.22	0.16	0.140000335

（4）社会城镇化综合得分

首先采用极差标准化法对原始指标进行标准化处理。

正向指标：$X'_i = (X_i - \min X_i) / (\max X_i - \min X_i)$

负向指标：$X'_i = (\max X_i - X_i) / (X_i - \min X_i)$

表 5-18 天津社会城镇化指标标准值

年份	人均社会零售消费品总额	万人拥有公交车辆数	上网人数比重	拥有卫生人员数量比重	普通高等学校在校学生数比重
2005	0.001	0.03	0.000	0.05	0.00
2006	0.063	0.38	0.031	0.00	0.20
2007	0.153	0.21	0.053	0.01	0.21
2008	0.285	0.39	0.271	0.00	0.15
2009	0.383	0.51	0.337	0.11	0.18
2010	0.486	0.13	0.393	0.05	0.17
2011	0.639	0.49	0.446	0.06	0.24
2012	0.784	0.74	0.501	0.10	0.35
2013	0.934	0.93	0.555	0.09	0.41
2014	1.001	0.83	0.581	0.19	0.50
2015	0.741	0.62	0.626	0.33	0.54
2016	0.810	0.82	0.665	0.44	0.53
2017	0.848	1.00	0.825	0.69	0.66
2018	0.882	0.11	0.925	0.83	0.84
2019	0.876	0.00	1.000	1.00	1.00

表 5-19 天津社会城镇化综合得分

年份	人均社会零售消费品总额	万人拥有公交车辆数	上网人数比重	拥有卫生人员数量比重	普通高等学校在校学生数比重
2005	0.000	0.010	0.000	0.008	0.000
2006	0.008	0.115	0.008	0.001	0.031
2007	0.020	0.062	0.013	0.001	0.032
2008	0.038	0.119	0.066	0.000	0.023
2009	0.051	0.155	0.082	0.018	0.027
2010	0.065	0.039	0.096	0.009	0.027
2011	0.086	0.149	0.109	0.010	0.037
2012	0.105	0.224	0.122	0.016	0.055
2013	0.125	0.281	0.136	0.015	0.063
2014	0.134	0.252	0.142	0.031	0.077
2015	0.099	0.187	0.153	0.054	0.083
2016	0.109	0.250	0.162	0.071	0.082
2017	0.114	0.304	0.201	0.113	0.101
2018	0.118	0.035	0.226	0.136	0.130
2019	0.117	0.000	0.244	0.164	0.154

（5）综合指数

表 5-20 天津城镇化综合指数

年份	人口城镇化	空间城镇化	经济城镇化	社会城镇化	总计
2005	0	0	0	0.0027	0.0027
2006	0.028502692	0.059262711	0.007616966	0.02445	0.119832369
2007	0.038393994	0.059261058	0.023421704	0.0192	0.140276756
2008	0.0769443	0.080500609	0.037012916	0.0369	0.231357825
2009	0.098400976	0.076586578	0.053302824	0.04995	0.278240378

续表

年份	人口城镇化	空间城镇化	经济城镇化	社会城镇化	总计
2010	0.120136484	0.08685112	0.074891093	0.0354	0.317278698
2011	0.13329783	0.099307255	0.096925444	0.05865	0.388180529
2012	0.171945272	0.108544835	0.113145176	0.0783	0.471935283
2013	0.202658248	0.116452339	0.131699418	0.093	0.543810005
2014	0.225849637	0.122569274	0.149074904	0.0954	0.592893815
2015	0.255078466	0.133105462	0.167076196	0.0864	0.641660124
2016	0.276889878	0.144758089	0.182594941	0.1011	0.705342908
2017	0.299991682	0.152131109	0.189534764	0.12495	0.766607556
2018	0.331948893	0.153299827	0.198811909	0.09675	0.780810629
2019	0.35	0.166486322	0.216000101	0.10185	0.834336423

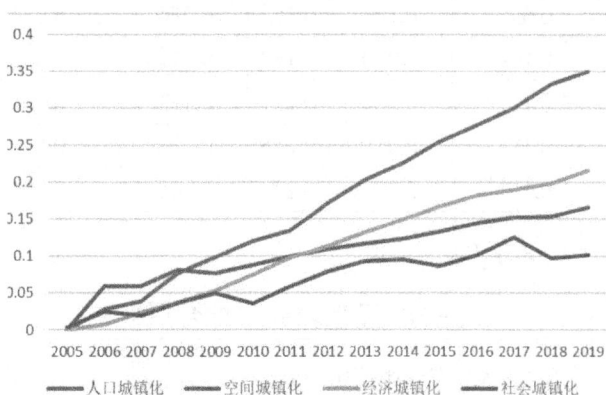

图 5-57 天津城镇化综合指数（2005-2019 年）

如图 5-57 所示，天津城镇化综合评价中，截止到2019 年，人口城镇化水平高于经济城镇化，经济城镇化高于空间城镇化，空间城镇化略高于社会城镇化。

3.河北城镇化综合指数

（1）人口城镇化综合得分

首先采用极差标准化法对原始指标进行标准化处理。

正向指标：$X'_i = (X_i - \min X_i)/(\max X_i - \min X_i)$
负向指标：$X'_i = (\max X_i - X_i)/(X_i - \min X_i)$

表 5-21　河北人口城镇化指标标准值

年份	城镇人口比重	第三产业就业人数占比
2005	0	0
2006	0.05116757	0.10089613
2007	0.122032993	0.20179226
2008	0.199859851	0.226719539
2009	0.287770319	0.278948124
2010	0.323439981	0.337111775
2011	0.378686129	0.408332572
2012	0.441038837	0.461748171
2013	0.509352702	0.610124832
2014	0.572324378	0.662353417
2015	0.674567323	0.713394988
2016	0.775347949	0.750192401
2017	0.861688366	0.877202823
2018	0.93751239	0.957919727
2019	1	1

表 5-22 河北人口城镇化综合得分

年份	城镇人口比重	第三产业就业人数占比
2005	0	0
2006	0.028142163	0.045403258
2007	0.067118146	0.090806517
2008	0.109922918	0.102023792
2009	0.158273675	0.125526656
2010	0.177891989	0.151700299
2011	0.208277371	0.183749658
2012	0.24257136	0.207786677
2013	0.280143986	0.274556174
2014	0.314778408	0.298059038
2015	0.371012028	0.321027745
2016	0.426441372	0.33758658
2017	0.473928601	0.39474127
2018	0.515631815	0.431063877
2019	0.55	0.45

（2）空间城镇化综合得分

首先采用极差标准化法对原始指标进行标准化处理。

正向指标：$X'_i = (X_i - \min X_i) / (\max X_i - \min X_i)$

负向指标：$X'_i = (\max X_i - X_i) / (X_i - \min X_i)$

表 5-23 河北空间城镇化指标标准值

年份	建成区面积	城市人口密度	人均城市道路面积
2005	0	0	0
2006	0.14469914	0.289424861	0.026992288
2007	0.226361032	0.226345083	0.18251928
2008	0.303724928	0.22541744	0.298200514
2009	0.375358166	0.196660482	0.404884319
2010	0.435530086	0.20593692	0.665809769
2011	0.528653295	0.213358071	0.728791774
2012	0.419770774	0.258812616	0.728791774
2013	0.481375358	0.325602968	0.777634961
2014	0.577363897	0.378478664	0.812339332
2015	0.716332378	0.476808905	0.832904884
2016	0.901146132	0.488868275	0.866323907
2017	1	0.503710575	0.862467866
2018	0.779369628	1	0.975578406
2019	0.97904531	0.863636364	1

表 5-24 河北空间城镇化综合得分

年份	建成区面积	城市人口密度	人均城市道路面积
2005	0	0	0
2006	0.044856734	0.133135436	0.006208226
2007	0.07017192	0.104118738	0.041979434
2008	0.094154728	0.103692022	0.068586118
2009	0.116361032	0.090463822	0.093123393
2010	0.135014327	0.094730983	0.153136247
2011	0.163882521	0.098144712	0.167622108

续表

年份	建成区面积	城市人口密度	人均城市道路面积
2012	0.13012894	0.119053803	0.167622108
2013	0.149226361	0.149777365	0.178856041
2014	0.178982808	0.174100186	0.186838046
2015	0.222063037	0.219332096	0.191568123
2016	0.279355301	0.224879406	0.199254499
2017	0.31	0.231706865	0.198367609
2018	0.241604585	0.46	0.224383033
2019	0.303504046	0.397272727	0.23

（3）经济城镇化综合得分

首先采用极差标准化法对原始指标进行标准化处理。

正向指标：$X'_i = (X_i - \min X_i) / (\max X_i - \min X_i)$

负向指标：$X'_i = (\max X_i - X_i) / (X_i - \min X_i)$

表 5-25 河北经济城镇化指标标准值

年份	人均GDP	第三产业增加值占 GDP 比重	人均财政收入	城镇居民人均可支配收入
2005	0.00	0.04	0.00	0.00
2006	0.05	0.10	0.03	0.04
2007	0.14	0.04	0.09	0.09
2008	0.23	0.00	0.14	0.15
2009	0.27	0.16	0.18	0.20
2010	0.37	0.15	0.26	0.25
2011	0.50	0.15	0.39	0.33
2012	0.57	0.21	0.50	0.41

年份	人均GDP	第三产业增加值占 GDP 比重	人均财政收入	城镇居民人均可支配收入
2013	0.61	0.27	0.56	0.47
2014	0.64	0.33	0.61	0.53
2015	0.68	0.52	0.67	0.60
2016	0.76	0.60	0.73	0.68
2017	0.84	0.76	0.85	0.76
2018	0.91	0.89	0.93	0.85
2019	1.00	1.00	1.00	1.00

表 5-26 河北经济城镇化综合得分

年份	人均GDP	第三产业增加值占 GDP 比重	人均财政收入	城镇居民人均可支配收入
2005	0	0.01	0.00	0
2006	0.010582836	0.02	0.01	0.00595195
2007	0.028292888	0.01	0.02	0.012832961
2008	0.045235024	0.00	0.03	0.021532347
2009	0.05391007	0.03	0.03	0.027876788
2010	0.074769775	0.03	0.05	0.035552717
2011	0.100704922	0.03	0.07	0.045633273
2012	0.113537511	0.05	0.09	0.056816778
2013	0.122038576	0.06	0.10	0.065182037
2014	0.128475868	0.07	0.11	0.074694167
2015	0.136832948	0.11	0.12	0.084684425
2016	0.152311246	0.13	0.13	0.095103973
2017	0.168209497	0.17	0.15	0.106522805
2018	0.181558029	0.20	0.17	0.118592733
2019	0.2	0.22	0.18	0.14

（4）社会城镇化综合得分

首先采用极差标准化法对原始指标进行标准化处理。

正向指标：$X'_i = (X_i - \min X_i) / (\max X_i - \min X)$

负向指标：$X'_i = (\max X_i - X_i) / (X_i - \min X_i)$

表 5-27 河北社会城镇化指标标准值

年份	人均社会零售消费品总额	万人拥有公交车辆数	上网人数比重	拥有卫生人员数量比重	普通高等学校在校学生数比重
2005	0.000	0.00	0.000	0.00	0.00
2006	0.049	0.11	0.032	0.01	0.14
2007	0.115	0.22	0.061	0.07	0.25
2008	0.214	0.32	0.188	0.07	0.35
2009	0.295	0.23	0.300	0.38	0.44
2010	0.393	0.29	0.368	0.44	0.48
2011	0.517	0.40	0.453	0.47	0.54
2012	0.642	0.51	0.539	0.51	0.56
2013	0.771	0.67	0.619	0.59	0.57
2014	0.901	0.51	0.661	0.64	0.54
2015	0.643	0.71	0.686	0.70	0.56
2016	0.724	0.80	0.731	0.75	0.61
2017	0.817	1.00	0.857	0.85	0.69
2018	0.900	0.91	0.929	0.94	0.80
2019	1.000	0.74	1.000	1.00	1.00

表 5-28 河北社会城镇化综合得分

年份	人均社会零售消费品总额	万人拥有公交车辆数	上网人数比重	拥有卫生人员数量比重	普通高等学校在校学生数比重
2005	0.000	0.000	0.000	0.000	0.000
2006	0.007	0.033	0.008	0.002	0.022
2007	0.015	0.068	0.015	0.011	0.038
2008	0.029	0.098	0.046	0.012	0.055
2009	0.039	0.069	0.073	0.063	0.069
2010	0.053	0.088	0.090	0.073	0.074
2011	0.069	0.122	0.110	0.077	0.083
2012	0.086	0.154	0.132	0.083	0.087
2013	0.103	0.203	0.151	0.096	0.087
2014	0.121	0.156	0.161	0.105	0.083
2015	0.086	0.215	0.167	0.114	0.086
2016	0.097	0.242	0.178	0.123	0.094
2017	0.109	0.304	0.209	0.139	0.106
2018	0.121	0.277	0.227	0.154	0.123
2019	0.134	0.224	0.244	0.164	0.154

（5）综合指数

表 5-29 河北城镇化综合指数

年份	人口城镇化	空间城镇化	经济城镇化	社会城镇化	总计
2005	0	0	0.003	0	0.003
2006	0.025740897	0.036840079	0.013960436	0.0108	0.087341412
2007	0.055273632	0.043254018	0.021337755	0.02205	0.141915405
2008	0.074181349	0.053286574	0.029030211	0.036	0.192498133
2009	0.099330116	0.059989649	0.042536057	0.04695	0.248805823

续表

年份	人口城镇化	空间城镇化	经济城镇化	社会城镇化	总计
2010	0.115357301	0.076576311	0.057096748	0.0567	0.30573036
2011	0.13720946	0.085929868	0.073901459	0.06915	0.366190787
2012	0.157625313	0.08336097	0.093106287	0.0813	0.41539257
2013	0.194145056	0.095571953	0.104166184	0.096	0.489883193
2014	0.214931106	0.107984208	0.114951011	0.0939	0.531328325
2015	0.242213921	0.126592651	0.135455212	0.1002	0.604461784
2016	0.267409783	0.140697841	0.152224566	0.1101	0.67043219
2017	0.304034455	0.148014895	0.178419691	0.13005	0.76051904
2018	0.331343492	0.185197524	0.201045229	0.1353	0.852886244
2019	0.35	0.186155355	0.222	0.138	0.896155355

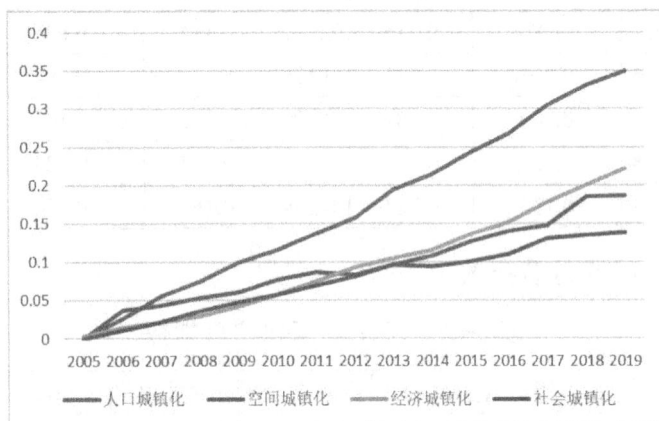

图 5-58 河北城镇化综合指数（2005-2019 年）

如图 5-58 所示，河北城镇化综合评价中，截至 2019 年，人口城镇化水平高于经济城镇化，经济城镇化高于空间城镇化，空间城镇化高于社会城镇化。

四、京津冀生态文明建设综合评价

（一）指标体系构建

对生态文明建设进行评价，选取生态经济、生态环境、生态文化、生态制度等方面共 16 个指标构成综合评价体系。

1. 指标选取原则

（1）科学论证与实用可行性结合。生态文明评价指标体系的构建，要根据生态文明建设的各项工作来选择设置指标，要在科学研究和充分论证的基础上，形成能准确评价的指标体系。还要尽可能考虑指标体系在调查、测评和统计上的可行性，指标便于量化，数据便于采集和计算。

（2）前瞻引领与客观可比性相结合。生态文明建设评价指标体系的构建，要反映生态文明建设的规律和特点，具有引领性、前瞻性，同时选择能反映实际情况的评价指标，使测评结果具有科学性、客观性和可比性。

（3）整体评价与突出重点相结合。生态文明建设评价指标体系的构建要运用系统优化的原则，以较少的指标全面系统地反映生态文明建设的进展情况，兼顾不同功能区的情况和要求。评价指标还要突出重点，选取代表性强的指标，具有较高的社会认同度。

（4）客观量化与主观感受相结合。指标体系的客观
量化反映的是对生态文明建设实际进展情况的客观测量
与评价，用数据对生态文明建设现状进行理性分析评
价，同时也应考虑人与自然的关系，考量大众对环境问
题的主观感受和要求。

表 5-30 生态文明建设综合评价指标体系

目标	一级指标	二级指标	三级指标
生态文明建设	生态经济	产业结构	第三产业增加值占 GDP 比重
		污染减排	万元 GDP 化学需氧量排放量
			万元 GDP 二氧化硫排放量
		节能降耗	单位地区生产总值能耗
		循环利用	工业污染治理完成投资占 GDP 比重
	生态环境	资源使用	人均水资源量
			森林覆盖率
		环境保护	空气质量达标率
			生活垃圾无害化处理率
			人均城市绿地面积
	生态文化	环保教育	人均拥有公共图书馆藏量
		生态创建	自然保护区占辖区面积比重
			建成区绿化覆盖率
	生态制度	生态投资	生态建设与保护本年完成投资占 GDP 比重
		科技支撑	国内专利申请受理量

2. 确定权重

利用变异系数法确定指标权重，能充分利用指标本身所提供的信息，可以防止因指标量纲不同而对权重产生影响，因而更能反映指标的相对重要程度。

$$V_i = \frac{\sigma_i}{\overline{X}_i} , \quad (i=1,2,\cdots,\ n)$$

公式中，V_i 是第 i 项指标的变异系数；σ_i 是第 i 项指标的标准差；$\overline{X}_i$ 是第 i 项指标的平均数。

各指标权重为：

$$W_i = {V_i} \Big/ {\sum_{i=1}^{n} V_i} , \quad (i=1,2,\cdots,\ n)$$

表 5-31　指标体系权重

一级指标	权重	三级指标	权重
生态经济		第三产业增加值占 GDP 比重	0.08244
		万元 GDP 化学需氧量排放量	0.08124
		万元 GDP 二氧化硫排放量	0.07994
		单位地区生产总值能耗	0.08214
		工业污染治理完成投资占 GDP 比重	0.07424
生态环境	0.3	人均水资源量	0.0615
		森林覆盖率	0.06
		空气质量达标率	0.0625
		生活垃圾无害化处理率	0.0616
		人均城市绿地面积	0.0544

续表

一级指标	权重	三级指标	权重
生态文化	0.2	人均拥有公共图书馆藏量	0.06
		自然保护区占辖区面积比重	0.07
		建成区绿化覆盖率	0.07
生态制度	0.1	生态建设与保护本年完成投资占 GDP 比重	0.05
		国内专利申请受理量	0.05

（二）北京生态文明建设指标评价

1. 生态经济指标

（1）第三产业增加值占 GDP 比重

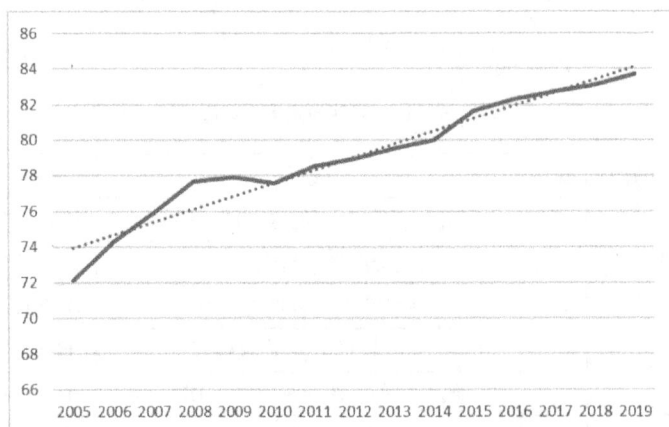

图 5-59 第三产业增加值占 GDP 比重（2005-2019 年）

如图 5-59 所示，北京第三产业增加值占 GDP 比重整体波动增长，增幅相对较大。

（2）万元 GDP 化学需氧量排放量

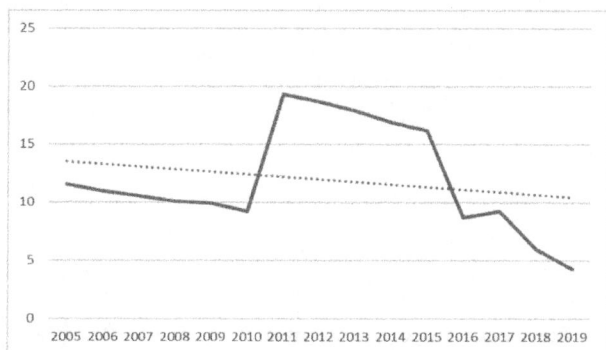

图 5-60 万元 GDP 化学需氧量排放量（2005-2019 年）

如图 5-60 所示，北京万元 GDP 化学需氧量排放量整体波动下降，2012 年左右达到拐点。

（3）万元 GDP 二氧化硫排放量

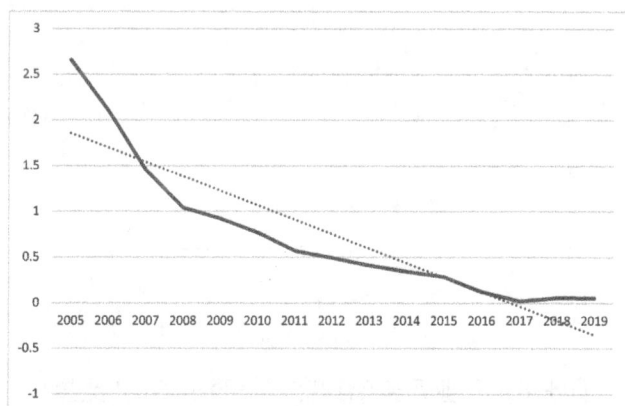

图 5-61 万元 GDP 二氧化硫排放量（2005-2019 年）

如图 5-61 所示，北京万元 GDP 二氧化硫排放量整体下降，并且持续下降。

（4）单位地区生产总值能耗

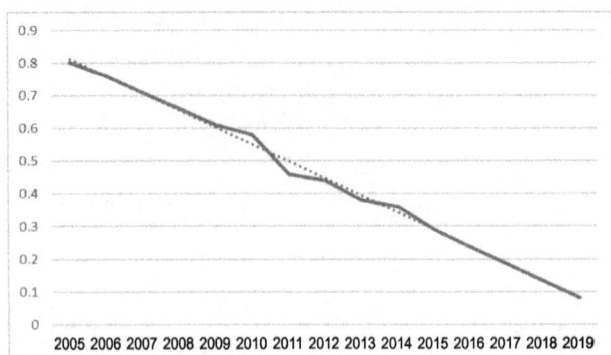

图 5-62　单位地区生产总值能耗（2005-2019 年）

如图 5-62 所示，北京单位地区生产总值能耗整体下降，并且持续下降。

（5）工业污染治理完成投资占 GDP 比重

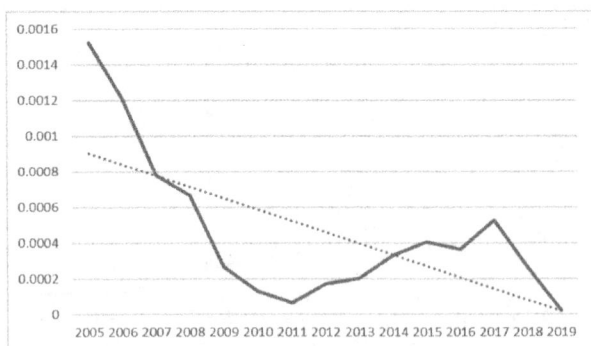

图 5-63　工业污染治理完成投资占 GDP 比重

（2005-2019 年）

如图 5-63 所示，北京工业污染治理完成投资占 GDP 比重整体先下降后增长，2017 年达到拐点。

2.生态环境指标

（1）人均水资源量

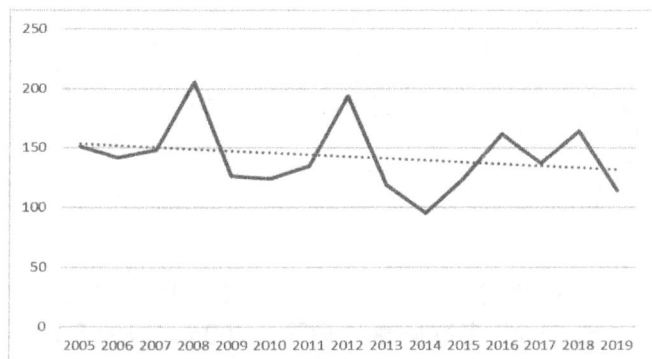

图 5-64　人均水资源量（2005-2019 年）

如图 5-64 所示，北京人均水资源量整体呈现波浪式下降，并且下降趋势明显。

（2）森林覆盖率

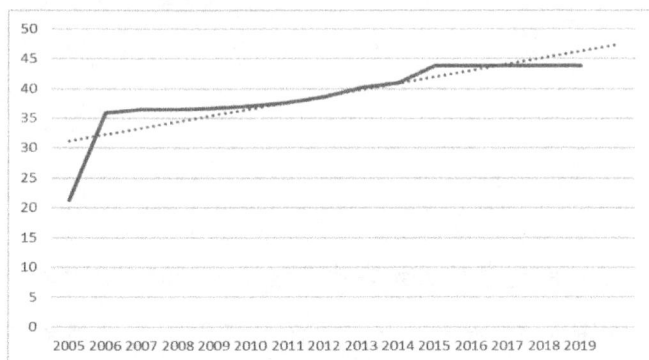

图 5-65　森林覆盖率（2005-2019）

如图 5-65 所示，北京森林覆盖率整体呈现上升趋势，并且上升趋势明显。

（3）空气质量达标率

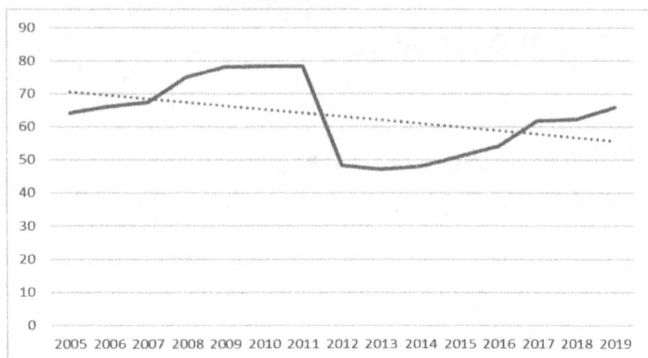

图 5-66 空气质量达标率（2005-2019 年）

如图 5-66 所示，北京空气质量达标率整体呈现先降后升趋势，并且在 2012 年达到拐点。

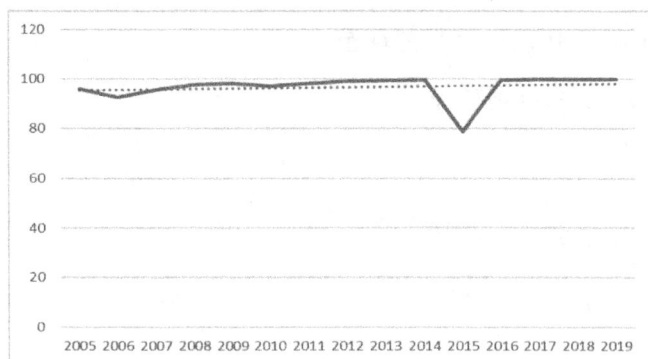

图 5-68 生活垃圾无害化处理率（2005-2019 年）

如图 5-68 所示，北京生活垃圾无害化处理率基本保持良好趋势，并且在 2015 年出现波动。

（5）人均城市绿地面积

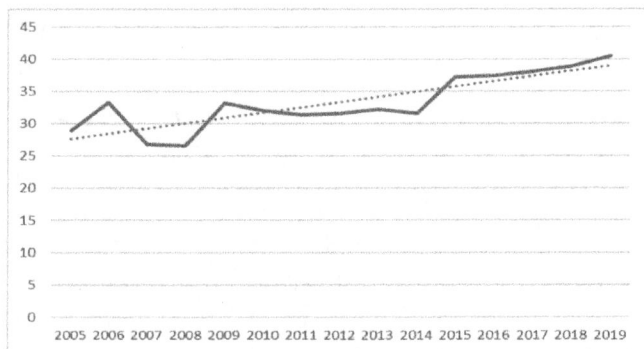

图 5-69　人均城市绿地面积（2005-2019 年）

如图 5-69 所示，北京人均城市绿地面积整体呈现平稳上升趋势。

3. 生态文化指标

（1）人均拥有公共图书馆藏量

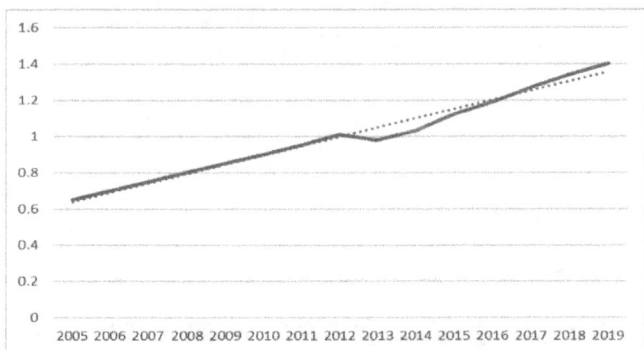

图 5-70　人均拥有公共图书馆藏量（2005-2019 年）

如图 5-70 所示，北京人均拥有公共图书馆藏量整体呈现上升趋势，增长速度相对较快。

（2）自然保护区占辖区面积比重

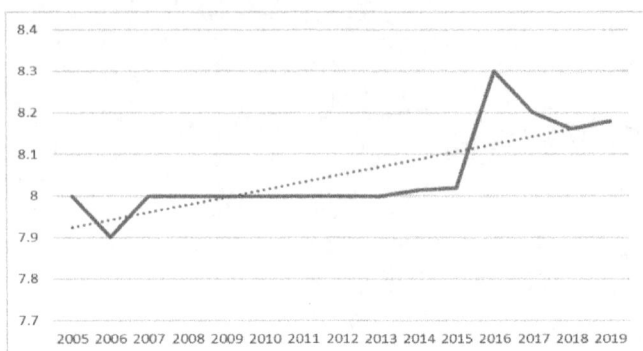

图 5-71 自然保护区占辖区面积比重（2005-2019 年）

如图 5-71 所示，北京自然保护区占辖区面积比重整体呈现波动上升趋势。

（3）建成区绿化覆盖率

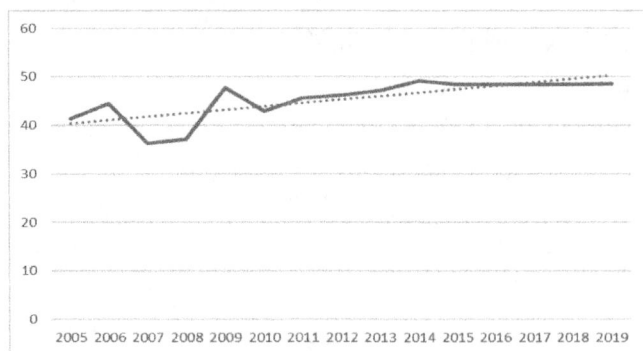

图 5-72 建成区绿化覆盖率（2005-2019 年）

如图 5-72 所示，北京建成区绿化覆盖率整体呈现波动上升趋势，增长幅度相对平缓。

4.生态制度指标

（1）生态建设与保护本年完成投资占 GDP 比重

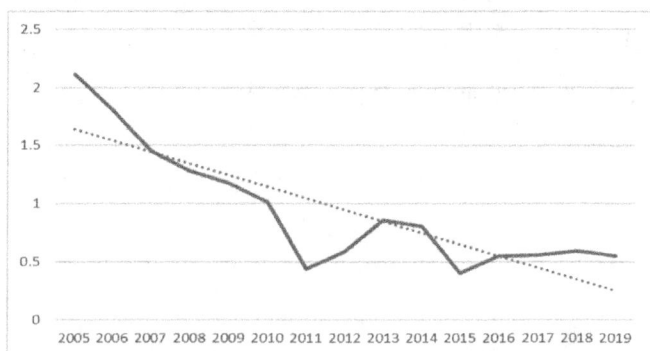

图 3-73 生态建设与保护本年完成投资占 GDP 比重
（2011-2019）

如图 5-73 所示，北京生态建设与保护本年完成投资占 GDP 比重整体呈现下降趋势，下降幅度相对较大。

（2）国内专利申请受理量

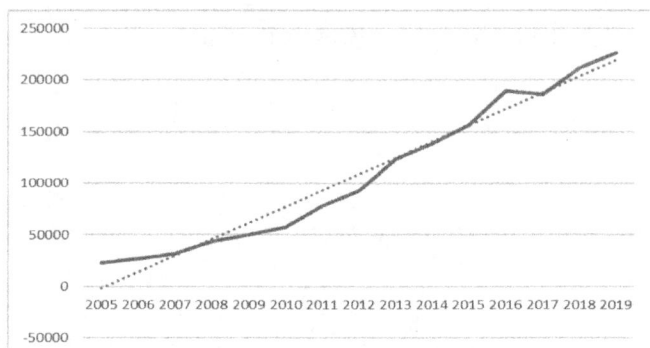

图 5-74 国内专利申请受理量（2005-2019 年）

如图 5-74 所示，北京国内专利申请受理量整体呈现显著上升趋势，增长幅度相对较大。

（三）天津生态文明建设指标评价

1.生态经济指标

（1）第三产业增加值占GDP比重

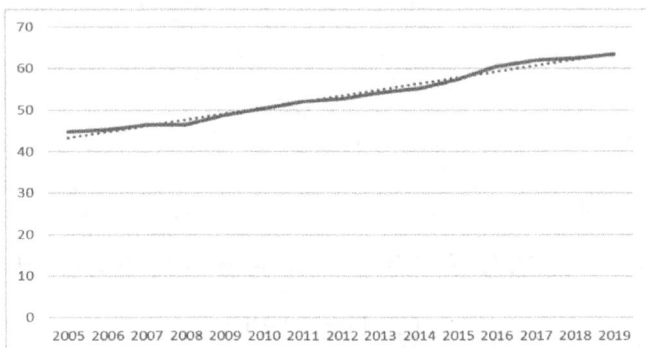

图53-75 第三产业增加值占GDP比重（2005-2019年）

如图5-75所示，天津第三产业增加值占GDP比重整体增长，但增幅相对较大。

（2）万元ＧＤＰ化学需氧量排放量

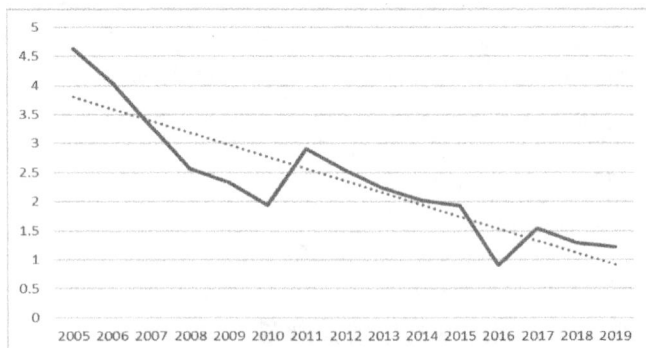

图5-76 万元GDP化学需氧量排放量（2005-2019年）

如图 5-76 所示，天津万元 GDP 化学需氧量排放量整体波动下降。

（3）万元 GDP 二氧化硫排放量

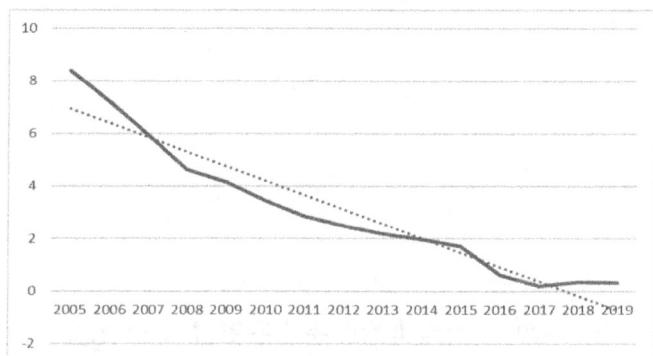

图 5-77 万元 GDP 二氧化硫排放量（2005-2019）

如图 5-77 所示，天津万元 GDP 二氧化硫排放量整体下降，并且持续下降。

（4）单位地区生产总值能耗

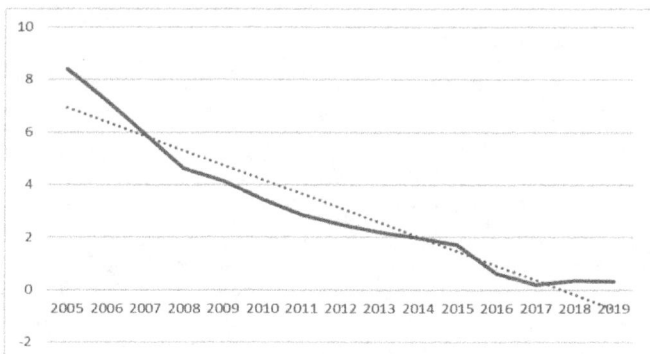

图 5-78 单位地区生产总值能耗（2005-2019 年）

如图 5-78 所示，天津单位地区生产总值能耗整体降，并且持续下降。

（5）工业污染治理完成投资占 GDP 比重

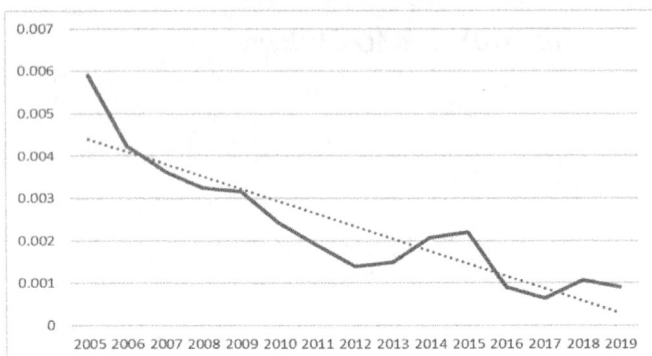

图 5-79 工业污染治理完成投资占 GDP 比重

（2005-2019 年）

如图 5-79 所示，天津工业污染治理完成投资占 GDP 比重整体先下降后增长，2015 年有上升阶段。

2.生态环境指标

（1）人均水资源量

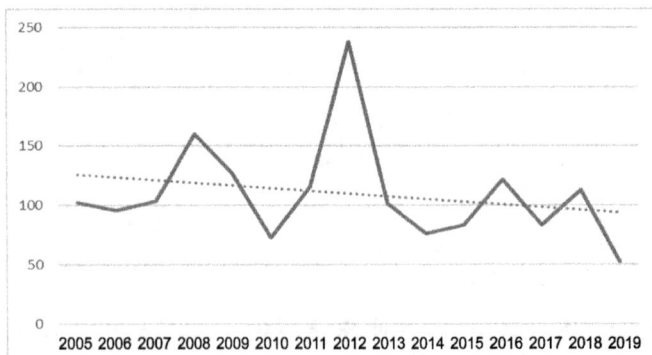

图 5-80 人均水资源量（2005-2019 年）

如图 5-80 所示，天津人均水资源量整体呈现波浪式下降，并且下降趋势明显。

（2）森林覆盖率

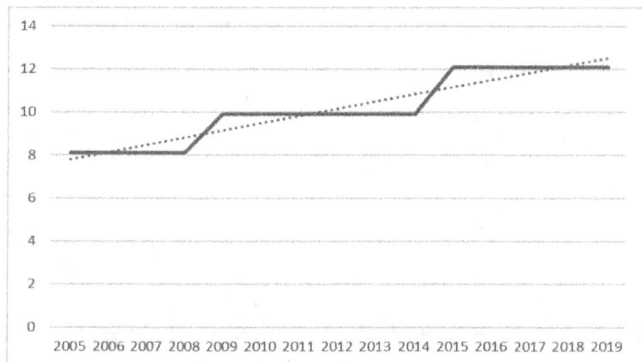

图 5-81 森林覆盖率（2005—2019 年）

如图 5-81 所示，天津森林覆盖率整体呈现上升，阶段性明显。

（3）空气质量达标率

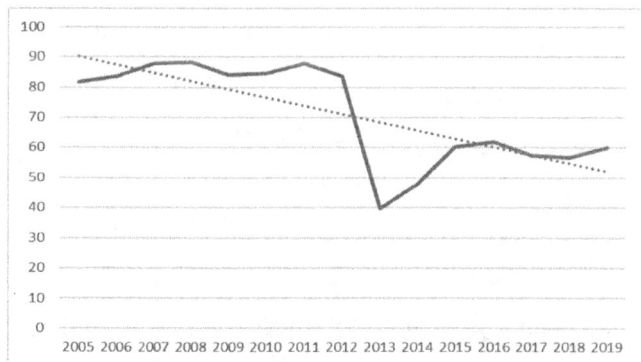

图 5-82 空气质量达标率（2005—2019 年）

如图 5-82 所示，天津空气质量达标率整体呈现下降趋势，并且在 2013 年达到拐点。

（4）生活垃圾无害化处理率

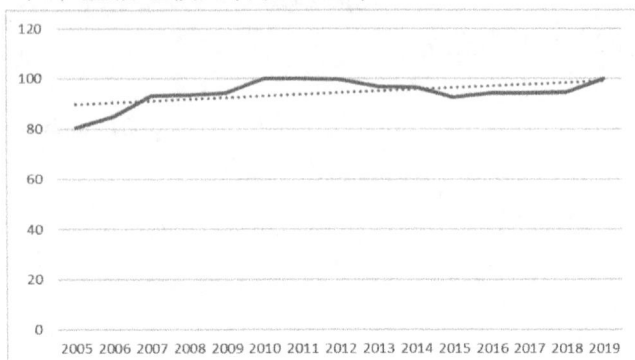

图 5-83 生活垃圾无害化处理率（2005-2019 年）

如图 5-83 所示，天津生活垃圾无害化处理率整体呈现上升趋势，整体比较平稳。

（5）人均城市绿地面积

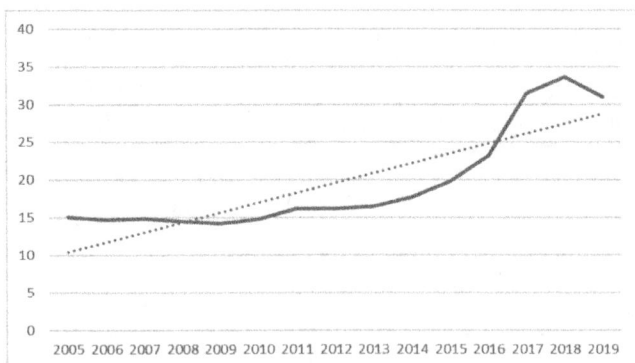

图 5-84 人均城市绿地面积（2005-2019 年）

如图 5-84 所示，天津人均城市绿地面积整体呈现平稳上升趋势。

3.生态文化指标

（1）人均拥有公共图书馆藏量

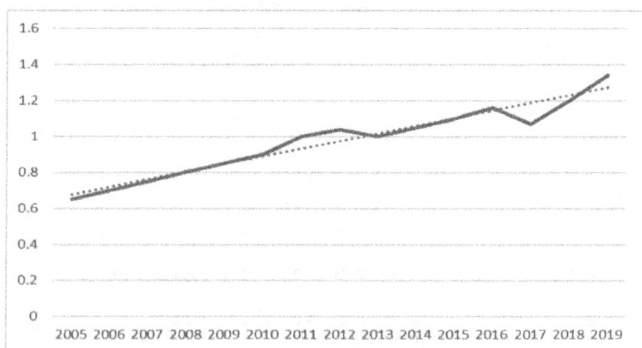

图 5-85 人均拥有公共图书馆藏量（2005-2019 年）

如图 5-85 所示，天津人均拥有公共图书馆藏量整体呈现波动上升趋势。

（2）自然保护区占辖区面积比重

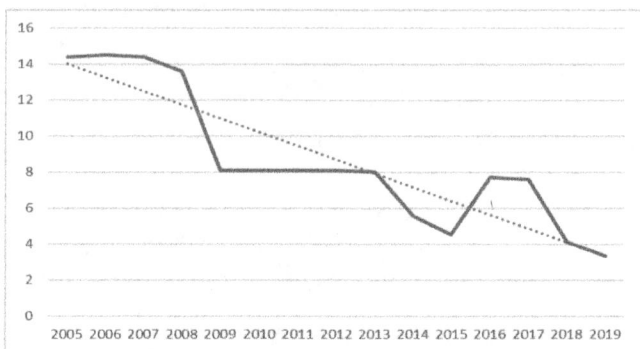

图 5-86 自然保护区占辖区面积比重（2005-2019 年）

如图 5-86 所示，天津自然保护区占辖区面积比重整体呈现下降趋势，2009 年达到拐点。

（3）建成区绿化覆盖率

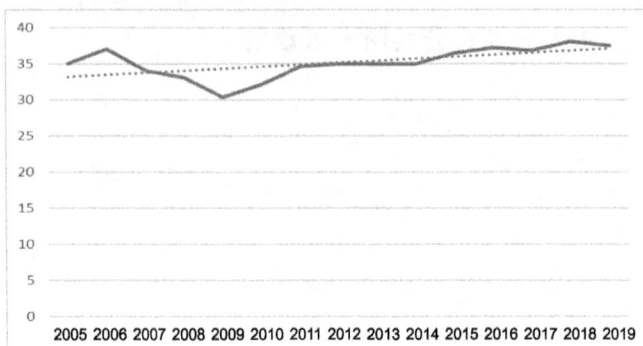

图 5-87 建成区绿化覆盖率（2005-2019 年）

如图 5-87 所示，天津人均公园绿地面积比重整体呈现波动上升趋势，增长比较平稳。

4.生态制度指标

（1）生态建设与保护本年完成投资占 GDP 比重

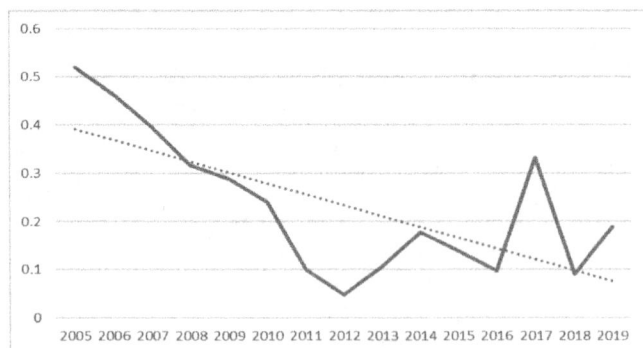

图 5-88 生态建设与保护本年完成投资占 GDP 比重

（2011—2019 年）

如图 5-88 所示，天津生态建设与保护本年完成投资占 GDP 比重整体呈现波动趋势。

（2）国内专利申请受理量

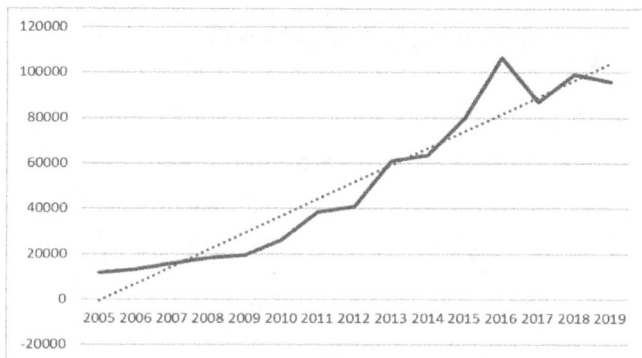

图 5-89　国内专利申请受理量（2005-2019 年）

如图 5-89 所示，天津国内专利申请受理量整体呈现显著上升趋势，增长幅度相对较大。

（四）河北生态文明建设指标评价

1. 生态经济指标

（1）第三产业增加值占 GDP 比重

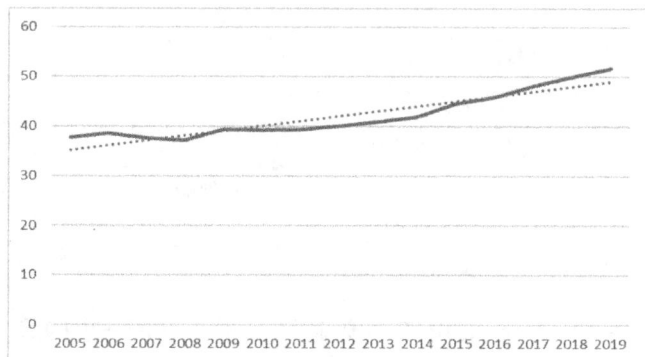

图 5-90　第三产业增加值占 GDP 比重（2005-2019 年）

如图 5-90 所示，河北第三产业增加值占 GDP 比重整体增长，且增幅平稳。

（2）万元 GDP 化学需氧量排放量

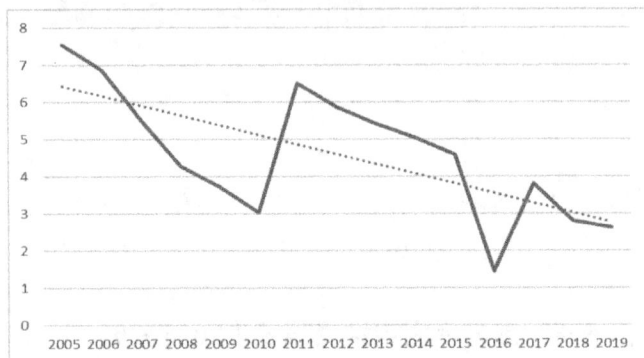

图 5-91 万元 GDP 化学需氧量排放量（2005-2019 年）

如图 5-91 所示，河北万元 GDP 化学需氧量排放量整体波动下降趋势。

（3）万元 GDP 二氧化硫排放量

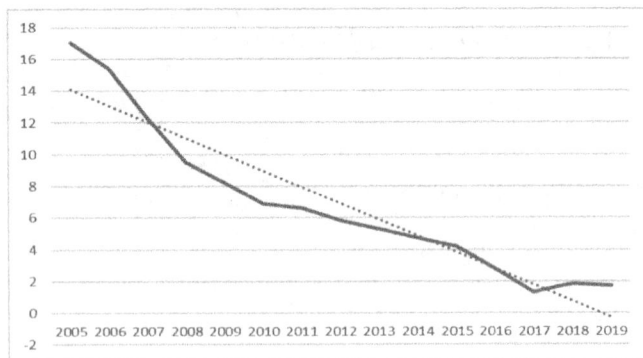

图 5-92 万元 GDP 二氧化硫排放量（2005-2019 年）

如图 5-92 所示，河北万元 GDP 二氧化硫排放量整体下降，并且持续下降。

（4）单位地区生产总值能耗

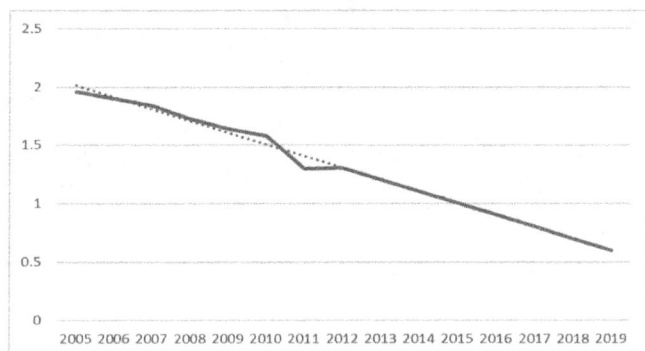

图 5-93 单位地区生产总值能耗（2005-2019 年）

如图 5-93 所示，河北单位地区生产总值能耗整体
降，并且持续下降。

（6）工业污染治理完成投资占 GDP 比重

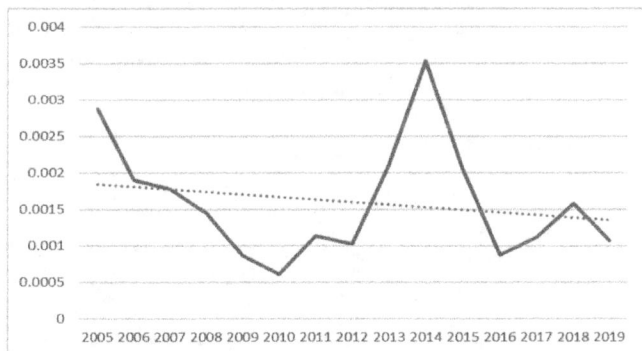

图 5-94 工业污染治理完成投资占 GDP 比重（2005-2019 年）

如图 5-94 所示，天津工业污染治理完成投资占
GDP 比重整体先下降后增长，呈波浪式下降。

2. 生态环境指标

（1）人均水资源量

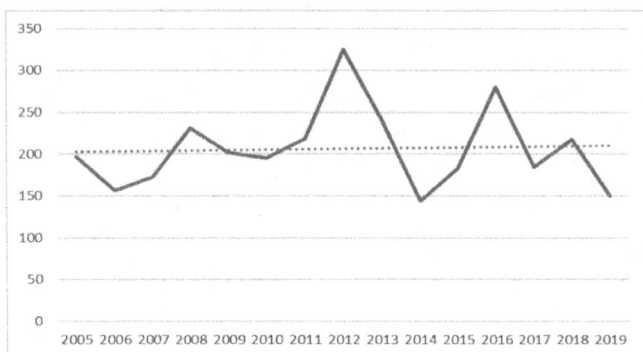

图 5-95 人均水资源量（2005-2019 年）

如图 5-95 所示，河北人均水资源量整体呈现波浪式下降，相对比较平稳。

（2）森林覆盖率

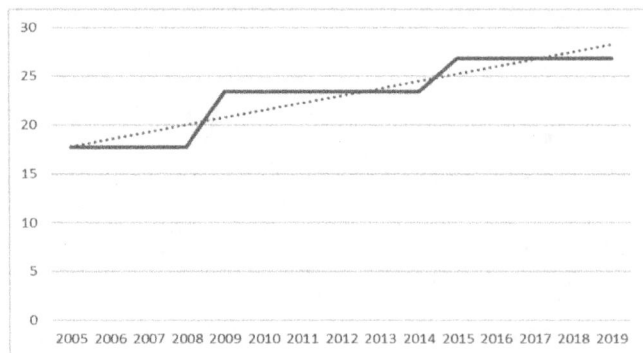

图 5-96 森林覆盖率（2005-2019）

如图 5-96 所示，河北森林覆盖率整体呈现上升，上升幅度相对较大。

（3）空气质量达标率

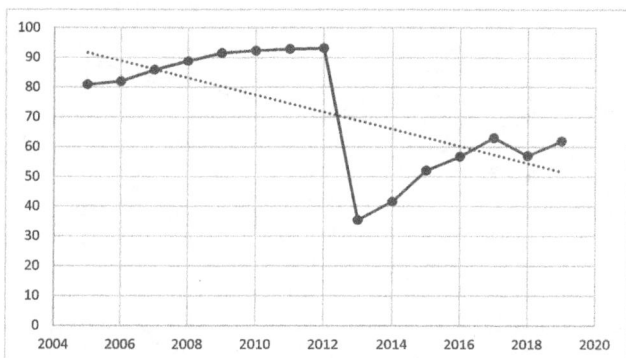

图 5-97　空气质量达标率（2005-2019 年）

如图 5-97 所示，河北空气质量达标率整体呈现下降趋势，并且在 2013 年达到拐点。

（4）生活垃圾无害化处理率

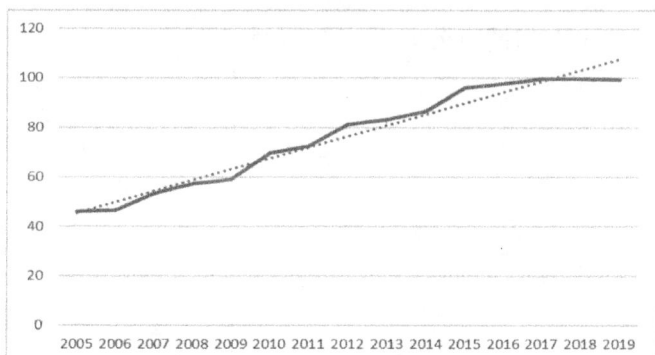

图 5-98　生活垃圾无害化处理率（2005-2019 年）

如图 5-98 所示，河北生活垃圾无害化处理率整体呈现上升趋势，上升幅度相对较大。

（5）人均城市绿地面积

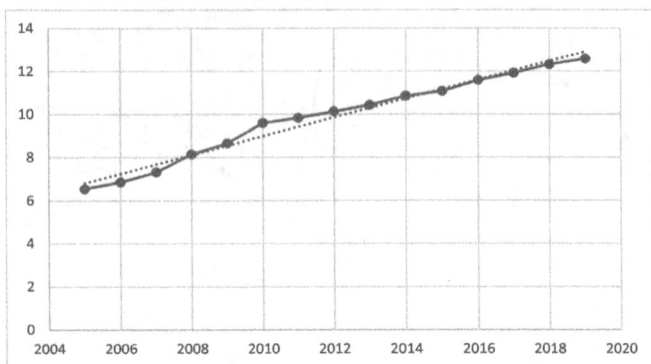

图 5-99 人均城市绿地面积（2005-2019 年）

如图 5-99 所示，河北人均城市绿地面积整体呈现上升趋势，变化幅度较大。

3. 生态文化指标

（1）人均拥有公共图书馆藏量

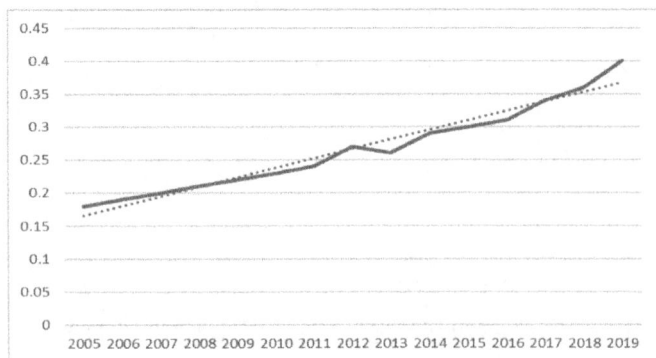

图 5-100 人均拥有公共图书馆藏量（2005-2019 年）

如图 5-100 所示，河北人均拥有公共图书馆藏量整体呈现上升趋势，并且持续上升。

（2）自然保护区占辖区面积比重

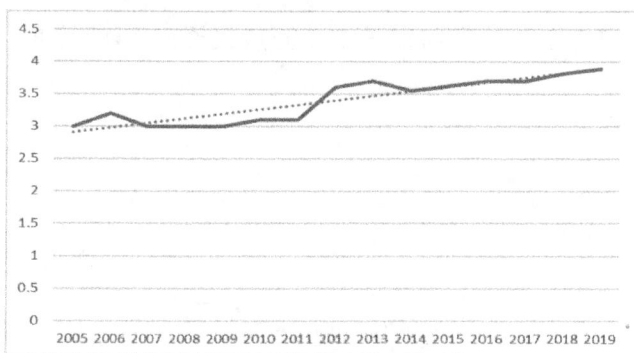

图 5-101　自然保护区占辖区面积比重（2005-2019 年）

如图 5-101 所示，河北自然保护区占辖区面积比重整体呈现上升趋势，上升幅度相对不大。

（3）建成区绿化覆盖率

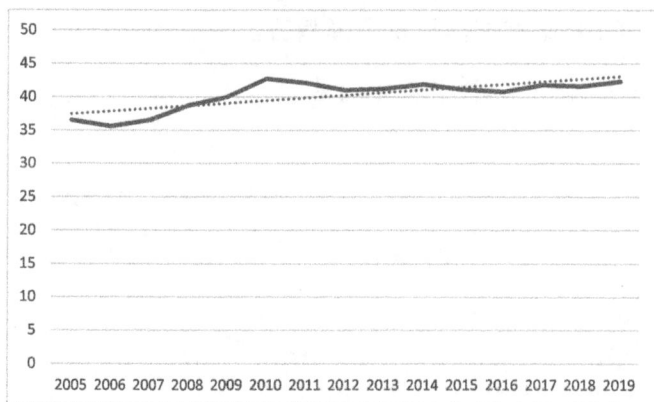

图 5-102　建成区绿化覆盖率（2005-2019 年）

如图 5-102 所示，河北建成区绿化覆盖率整体呈现波动上升趋势，增长幅度相对平缓。

4. 生态制度指标

（1）生态建设与保护本年完成投资占 GDP 比重

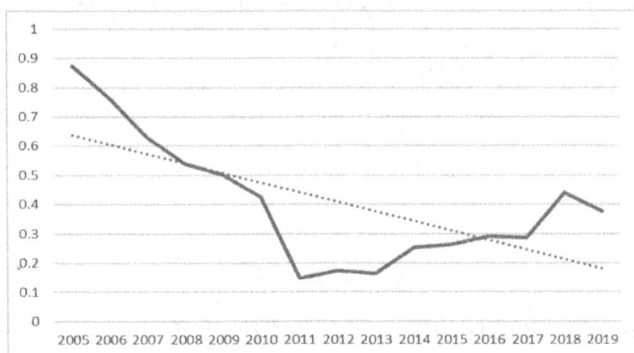

图 5-103 生态建设与保护本年完成投资占 GDP 比重

（2005-2019 年）

如图 5-103 所示，河北生态建设与保护本年完成投资占 GDP 比重整体呈现下降趋势。

（2）国内专利申请受理量

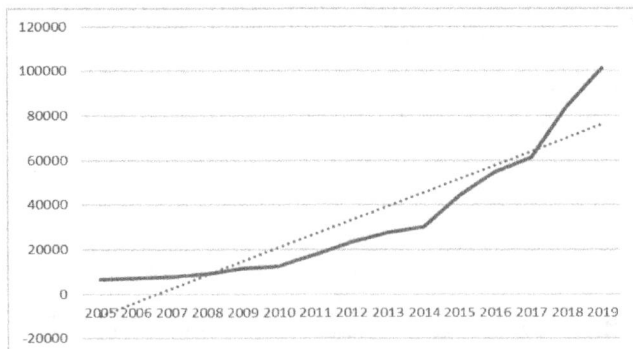

图 5-104 国内专利申请受理量（2005-2019 年）

如图 5-104 所示，河北国内专利申请受理量整体呈现显著上升趋势，增长幅度相对较大。

（五）生态文明建设综合评价

1.北京生态文明建设综合指数

（1）生态经济综合得分

首先采用极差标准化法对原始指标进行标准化处理。

正向指标：$X'_i = (X_i - \min X_i) / (\max X_i - \min X_i)$

负向指标：$X'_i = (\max X_i - X_i) / (X_i - \min X_i)$

表5-22 生态经济指标标准值

年份	第三产业增加值占GDP比重	万元GDP化学需氧量排放量	万元GDP二氧化硫排放量	单位地区生产总值能耗	工业污染治理完成投资占GDP比重
2005	0.00	0.00	0.00	0.00	1.00
2006	0.18	0.21	0.21	0.06	0.79
2007	0.33	0.40	0.46	0.13	0.50
2008	0.48	0.51	0.61	0.19	0.43
2009	0.50	0.57	0.66	0.26	0.16
2010	0.47	0.67	0.71	0.31	0.07
2011	0.55	0.33	0.79	0.47	0.03
2012	0.59	0.43	0.82	0.50	0.10
2013	0.64	0.52	0.85	0.58	0.12
2014	0.68	0.59	0.88	0.61	0.21
2015	0.82	0.65	0.90	0.71	0.25
2016	0.88	0.87	0.96	0.78	0.23
2017	0.91	0.87	1.00	0.86	0.34
2018	0.95	0.96	0.98	0.93	0.16
2019	1.00	1.00	0.99	1.00	0.00

表 5-23 生态经济综合得分

年份	第三产业增加值占GDP比重	万元GDP化学需氧量排放量	万元GDP二氧化硫排放量	单位地区生产总值能耗	工业污染治理完成投资占GDP比重
2005	0.00	0.00	0.00	0.00	0.07
2006	0.02	0.02	0.02	0.00	0.06
2007	0.03	0.03	0.04	0.01	0.04
2008	0.04	0.04	0.05	0.02	0.03
2009	0.04	0.05	0.05	0.02	0.01
2010	0.04	0.05	0.06	0.03	0.01
2011	0.05	0.03	0.06	0.04	0.00
2012	0.05	0.03	0.07	0.04	0.01
2013	0.05	0.04	0.07	0.05	0.01
2014	0.06	0.05	0.07	0.05	0.02
2015	0.07	0.05	0.07	0.06	0.02
2016	0.07	0.07	0.08	0.06	0.02
2017	0.08	0.07	0.08	0.07	0.02
2018	0.08	0.08	0.08	0.08	0.01
2019	0.08	0.08	0.08	0.08	0.00

（2）生态环境综合得分

首先采用极差标准化法对原始指标进行标准化处理。

正向指标：$X'_i = (X_i - \min X_i)/(\max X_i - \min X_i)$

负向指标：$X'_i = (\max X_i - X_i)/(X_i - \min X_i)$

表 5-26 生态环境指标标准值

年份	人均水资源量	森林覆盖率	空气质量达标率	生活垃圾无害化处理率	人均城市绿地面积
2005	0.51	0.00	0.54	0.81	0.17
2006	0.42	0.65	0.61	0.65	0.48
2007	0.48	0.68	0.65	0.80	0.01
2008	1.00	0.68	0.89	0.89	0.00
2009	0.29	0.68	0.99	0.92	0.48
2010	0.26	0.70	1.00	0.86	0.39
2011	0.36	0.72	1.00	0.92	0.35
2012	0.89	0.77	0.04	0.96	0.36
2013	0.21	0.84	0.00	0.97	0.40
2014	0.00	0.88	0.03	0.98	0.36
2015	0.26	1.00	0.12	0.98	0.76
2016	0.60	1.00	0.23	0.99	0.78
2017	0.38	1.00	0.47	1.00	0.82
2018	0.63	1.00	0.48	1.00	0.89
2019	0.17	1.00	0.60	1.00	1.00

表 5-27 生态环境综合得分

年份	人均水资源量	森林覆盖率	空气质量达标率	生活垃圾无害化处理率	人均城市绿地面积
2005	0.03	0.00	0.03	0.05	0.01
2006	0.03	0.04	0.04	0.04	0.03
2007	0.03	0.04	0.04	0.05	0.00
2008	0.06	0.04	0.06	0.05	0.00
2009	0.02	0.04	0.06	0.06	0.03
2010	0.02	0.04	0.06	0.05	0.02

年份	人均 水资源量	森林覆盖率	空气质量 达标率	生活垃圾无 害化处理率	人均城市 绿地面积
2011	0.02	0.04	0.06	0.06	0.02
2012	0.05	0.05	0.00	0.06	0.02
2013	0.01	0.05	0.00	0.06	0.02
2014	0.00	0.05	0.00	0.06	0.02
2015	0.02	0.06	0.01	0.00	0.04
2016	0.04	0.06	0.01	0.06	0.04
2017	0.02	0.06	0.03	0.06	0.04
2018	0.04	0.06	0.03	0.06	0.05
2019	0.01	0.06	0.04	0.06	0.05

（3）生态文化综合得分

首先采用极差标准化法对原始指标进行标准化处理。

正向指标：$X'_i = (X_i - \min X_i) / (\max X_i - \min X_i)$

负向指标：$X'_i = (\max X_i - X_i) / (X_i - \min X_i)$

表 5-28 生态文化指标标准值

年份	人均拥有 公共图书馆藏量	自然保护区 占辖区面积比重	建成区绿化覆盖率
2005	0.00	0.25	0.40
2006	0.07	0.00	0.64
2007	0.13	0.25	0.00
2008	0.20	0.25	0.07
2009	0.27	0.25	0.89

年份	人均拥有公共图书馆藏量	自然保护区占辖区面积比重	建成区绿化覆盖率
2010	0.33	0.25	0.52
2011	0.40	0.25	0.73
2012	0.48	0.25	0.78
2013	0.44	0.25	0.84
2014	0.51	0.28	1.00
2015	0.63	0.30	0.95
2016	0.72	1.00	0.95
2017	0.83	0.75	0.95
2018	0.92	0.65	0.95
2019	1.00	0.70	0.95

表 5-29 生态文化综合得分

年份	人均拥有公共图书馆藏量	自然保护区占辖区面积比重	建成区绿化覆盖率
2005	0.00	0.02	0.03
2006	0.00	0.00	0.04
2007	0.01	0.02	0.00
2008	0.01	0.02	0.00
2009	0.02	0.02	0.06
2010	0.02	0.02	0.04
2011	0.02	0.02	0.05
2012	0.03	0.02	0.05
2013	0.03	0.02	0.06
2014	0.03	0.02	0.07
2015	0.04	0.02	0.07

年份	人均拥有 公共图书馆藏量	自然保护区 占辖区面积比重	建成区绿化覆盖率
2016	0.04	0.07	0.07
2017	0.05	0.05	0.07
2018	0.06	0.05	0.07
2019	0.06	0.05	0.07

（4）生态制度综合得分

首先采用极差标准化法对原始指标进行标准化处理。

正向指标：$X'_i = (X_i - \min X_i) / (\max X_i - \min X_i)$

负向指标：$X'_i = (\max X_i - X_i) / (X_i - \min X_i)$

表 5-30　生态制度指标标准值

年份	生态建设与保护 本年完成投资占 GDP 比重	国内专利申请受理量
2005	1.00	0
2006	0.82	0.02
2007	0.61	0.04
2008	0.51	0.10
2009	0.45	0.14
2010	0.36	0.17
2011	0.02	0.27
2012	0.11	0.34
2013	0.27	0.50
2014	0.24	0.57

年份	生态建设与保护 本年完成投资占 GDP 比重	国内专利申请受理量
2015	0.00	0.66
2016	0.09	0.82
2017	0.09	0.80
2018	0.11	0.93
2019	0.09	1.00

表 5-31 生态制度综合得分

年份	生态建设与保护 本年完成投资占 GDP 比重	国内专利申请受理量
2005	0.05	0.00
2006	0.04	0.00
2007	0.03	0.00
2008	0.03	0.01
2009	0.02	0.01
2010	0.02	0.01
2011	0.00	0.01
2012	0.01	0.02
2013	0.01	0.02
2014	0.01	0.03
2015	0.00	0.03
2016	0.00	0.04
2017	0.00	0.04
2018	0.01	0.05
2019	0.00	0.05

（5）综合指数

表 5-32 北京生态文明建设综合指数

年份	生态经济	生态环境	生态文化	生态制度	总计
2005	0.07424	0.12428	0.04545	0.05000	0.29397
2006	0.11225	0.16847	0.04850	0.06047	0.38969
2007	0.14388	0.16049	0.02550	0.07536	0.40523
2008	0.17779	0.21287	0.03438	0.12850	0.55354
2009	0.17373	0.20276	0.09590	0.15841	0.63080
2010	0.18100	0.19455	0.07424	0.18838	0.63816
2011	0.17652	0.20321	0.09251	0.27320	0.74544
2012	0.19753	0.18137	0.10056	0.34806	0.82753
2013	0.21972	0.14477	0.10305	0.50837	0.97590
2014	0.23942	0.13397	0.12033	0.57944	1.07316
2015	0.26901	0.12512	0.12461	0.65707	1.17580
2016	0.30065	0.21462	0.17940	0.82263	1.51730
2017	0.32144	0.21922	0.16830	0.80718	1.51615
2018	0.32290	0.23844	0.16705	0.93241	1.66080
2019	0.32462	0.22389	0.17559	1.00443	1.72853

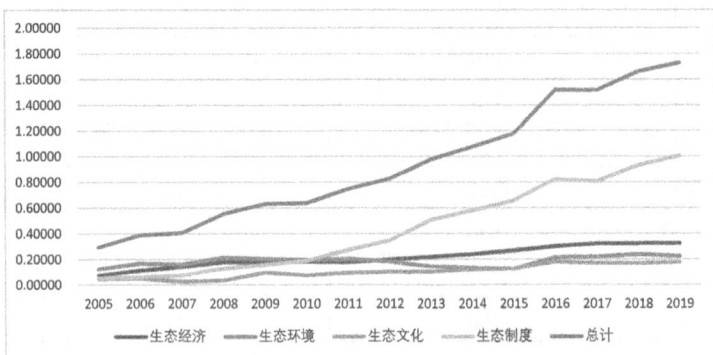

图 5-105 北京生态文明建设综合指数（2005-2019 年）

如图 5-105 所示，北京生态文明建设综合指数中，生态制度大于生态经济，生态经济大于生态环境，生态环境大于生态文化。

2. 天津生态文明建设综合指数

（1）生态经济综合得分

首先采用极差标准化法对原始指标进行标准化处理。

正向指标：$X'_i = (X_i - \min X_i)/(\max X_i - \min X_i)$

负向指标：$X'_i = (\max X_i - X_i)/(X_i - \min X_i)$

表 5-33 生态经济指标标准值

年份	第三产业增加值占GDP比重	万元GDP化学需氧量排放量	万元GDP二氧化硫排放量	单位地区生产总值能耗	工业污染治理完成投资占GDP比重
2005	0.00	0.00	0.00	0.00	1.00
2006	0.02	0.16	0.14	0.04	0.68
2007	0.08	0.36	0.31	0.10	0.57
2008	0.09	0.55	0.46	0.18	0.50
2009	0.21	0.62	0.52	0.30	0.48
2010	0.30	0.72	0.60	0.31	0.34
2011	0.38	0.46	0.68	0.44	0.24
2012	0.42	0.56	0.72	0.49	0.14
2013	0.50	0.64	0.76	0.56	0.16
2014	0.55	0.70	0.78	0.63	0.27
2015	0.67	0.73	0.81	0.71	0.30

年份	第三产业增加值占GDP比重	万元GDP化学需氧量排放量	万元GDP二氧化硫排放量	单位地区生产总值能耗	工业污染治理完成投资占GDP比重
2016	0.84	1.00	0.95	0.78	0.05
2017	0.92	0.83	1.00	0.85	0.00
2018	0.95	0.90	0.98	0.93	0.08
2019	1.00	0.91	0.98	1.00	0.05

表 5-34 生态经济综合得分

年份	第三产业增加值占GDP比重	万元GDP化学需氧量排放量	万元GDP二氧化硫排放量	单位地区生产总值能耗	工业污染治理完成投资占GDP比重
2005	0.00000	0.00000	0.00000	0.00000	0.07424
2006	0.00181	0.01267	0.01153	0.00362	0.05068
2007	0.00676	0.02898	0.02443	0.00814	0.04214
2008	0.00711	0.04487	0.03665	0.01448	0.03688
2009	0.01719	0.05004	0.04138	0.02443	0.03557
2010	0.02443	0.05871	0.04823	0.02533	0.02510
2011	0.03154	0.03745	0.05405	0.03619	0.01768
2012	0.03459	0.04552	0.05759	0.04007	0.01070
2013	0.04113	0.05228	0.06054	0.04608	0.01216
2014	0.04555	0.05693	0.06263	0.05209	0.02039
2015	0.05487	0.05894	0.06514	0.05810	0.02223
2016	0.06914	0.08124	0.07580	0.06411	0.00386
2017	0.07581	0.06731	0.07994	0.07012	0.00000
2018	0.07811	0.07286	0.07836	0.07613	0.00604
2019	0.08244	0.07424	0.07853	0.08214	0.00376

（2）生态环境综合得分

首先采用极差标准化法对原始指标进行标准化处理。

正向指标：$x'_i = (x_i - \min x_i)/(\max x_i - \min x_i)$

负向指标：$x'_i = (\max x_i - x_i)/(x_i - \min x_i)$

表5-35 生态环境指标标准值

年份	人均水资源量	森林覆盖率	空气质量达标率	生活垃圾无害化处理率	人均城市绿地面积
2005	0.27	0	0.86	0.00	0.05
2006	0.23	0	0.90	0.23	0.02
2007	0.28	0	0.99	0.66	0.03
2008	0.58	0	1.00	0.67	0.01
2009	0.40	0.45	0.92	0.71	0.00
2010	0.11	0.45	0.92	1.00	0.03
2011	0.34	0.45	0.99	1.00	0.10
2012	1.00	0.45	0.90	0.99	0.10
2013	0.27	0.45	0.00	0.84	0.12
2014	0.13	0.45	0.17	0.83	0.18
2015	0.17	1	0.42	0.63	0.29
2016	0.37	1	0.46	0.70	0.46
2017	0.17	1	0.36	0.71	0.89
2018	0.33	1	0.35	0.72	1.00
2019	0.00	1	0.42	1.00	0.86

表 5-36 生态环境综合得分

年份	人均水资源量	森林覆盖率	空气质量达标率	生活垃圾无害化处理率	人均城市绿地面积
2005	0.01662	0.00000	0.05403	0.00000	0.00247
2006	0.01441	0.00000	0.05650	0.01422	0.00122
2007	0.01699	0.00000	0.06179	0.04043	0.00176
2008	0.03566	0.00000	0.06250	0.04107	0.00080
2009	0.02475	0.02700	0.05720	0.04359	0.00000
2010	0.00691	0.02700	0.05756	0.06160	0.00171
2011	0.02118	0.02700	0.06179	0.06160	0.00563
2012	0.06150	0.02700	0.05650	0.06097	0.00563
2013	0.01639	0.02700	0.00000	0.05149	0.00639
2014	0.00800	0.02700	0.01059	0.05118	0.00989
2015	0.01048	0.06000	0.02648	0.03854	0.01557
2016	0.02303	0.06000	0.02860	0.04328	0.02510
2017	0.01041	0.06000	0.02260	0.04391	0.04824
2018	0.02016	0.06000	0.02189	0.04423	0.05440
2019	0.00000	0.06000	0.02613	0.06160	0.04700

（3）生态文化综合得分

首先采用极差标准化法对原始指标进行标准化处理。

正向指标：$X'_i = (X_i - \min X_i)/(\max X_i - \min X_i)$

负向指标：$X'_i = (\max X_i - X_i)/(X_i - \min X_i)$

表 5-37 生态文化指标标准值

年份	人均拥有 公共图书馆藏量	自然保护区 占辖区面积比重	建成区绿化覆盖率
2005	0.00	0.99	0.61
2006	0.07	1.00	0.87
2007	0.14	0.99	0.48
2008	0.22	0.92	0.35
2009	0.29	0.43	0.00
2010	0.36	0.43	0.23
2011	0.51	0.43	0.55
2012	0.57	0.43	0.60
2013	0.51	0.42	0.60
2014	0.58	0.20	0.60
2015	0.65	0.11	0.79
2016	0.74	0.39	0.90
2017	0.61	0.38	0.84
2018	0.80	0.07	1.00
2019	1.00	0.00	0.94

表 5-38 生态文化综合得分

年份	人均拥有 公共图书馆藏量	自然保护区 占辖区面积比重	建成区绿化覆盖率
2005	0.00000	0.06937	0.04273
2006	0.00435	0.07000	0.06091
2007	0.00870	0.06937	0.03364
2008	0.01304	0.06435	0.02455
2009	0.01739	0.02984	0.00000
2010	0.02174	0.02984	0.01636

年份	人均拥有 公共图书馆藏量	自然保护区 占辖区面积比重	建成区绿化覆盖率
2011	0.03043	0.02984	0.03818
2012	0.03391	0.02984	0.04182
2013	0.03043	0.02921	0.04182
2014	0.03478	0.01396	0.04182
2015	0.03913	0.00738	0.05545
2016	0.04435	0.02733	0.06273
2017	0.03652	0.02670	0.05909
2018	0.04783	0.00478	0.07000
2019	0.06000	0.00000	0.06545

（4）生态制度综合得分

首先采用极差标准化法对原始指标进行标准化处理。

正向指标：$X'_i = (X_i - \min X_i) / (\max X_i - \min X_i)$

负向指标：$X'_i = (\max X_i - X_i) / (X_i - \min X_i)$

表5-39 生态制度指标标准值

年份	生态建设与保护本年完成投资 占 GDP 比重	国内专利申请受理量
2005	1.00	0.00
2006	0.88	0.02
2007	0.74	0.04
2008	0.57	0.07
2009	0.51	0.08

年份	生态建设与保护本年完成投资占 GDP 比重	国内专利申请受理量
2010	0.41	0.15
2011	0.11	0.28
2012	0.00	0.31
2013	0.12	0.52
2014	0.28	0.55
2015	0.19	0.72
2016	0.11	1.00
2017	0.60	0.79
2018	0.09	0.92
2019	0.30	0.89

表 5-40 生态制度综合得分

年份	生态建设与保护本年完成投资占 GDP 比重	国内专利申请受理量
2005	0.05000	0.00000
2006	0.04410	0.00087
2007	0.03678	0.00215
2008	0.02854	0.00346
2009	0.02544	0.00420
2010	0.02045	0.00755
2011	0.00562	0.01414
2012	0.00000	0.01547
2013	0.00615	0.02596
2014	0.01378	0.02729
2015	0.00959	0.03600

续表

年份	生态建设与保护本年完成投资占 GDP 比重	国内专利申请受理量
2016	0.00530	0.05000
2017	0.03020	0.03971
2018	0.00459	0.04606
2019	0.01497	0.04448

（5）综合指数

表 5-41 天津生态文明建设综合指数

年份	生态经济	生态环境	生态文化	生态制度	总计
2005	0.07424	0.07312	0.11210	0.05000	0.30946
2006	0.08031	0.08634	0.13526	0.04497	0.34688
2007	0.11044	0.12097	0.11170	0.03894	0.38206
2008	0.13999	0.14003	0.10194	0.03200	0.41396
2009	0.16860	0.15255	0.04723	0.02964	0.39802
2010	0.18181	0.15477	0.06794	0.02800	0.43252
2011	0.17691	0.17720	0.09845	0.01976	0.47233
2012	0.18847	0.21160	0.10557	0.01547	0.52111
2013	0.21218	0.10127	0.10146	0.03212	0.44703
2014	0.23758	0.10665	0.09056	0.04106	0.47586
2015	0.25927	0.15106	0.10196	0.04560	0.55790
2016	0.29415	0.18002	0.13440	0.05530	0.66386
2017	0.29319	0.18515	0.12231	0.06991	0.67057
2018	0.31149	0.20068	0.12261	0.05065	0.68542
2019	0.32111	0.19473	0.12545	0.05945	0.70074

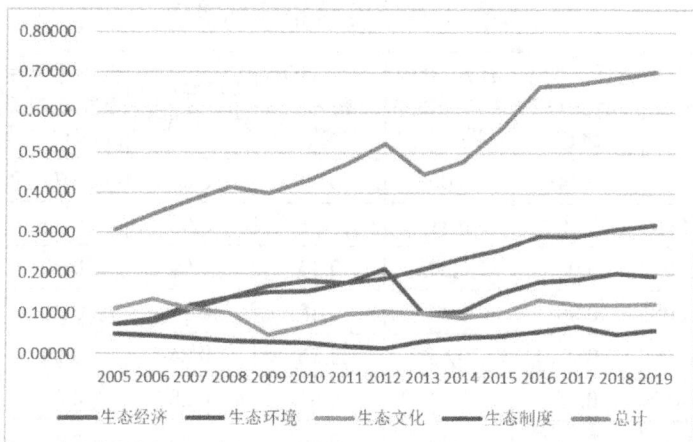

图 5-106 天津生态文明建设综合指数（2005-2019 年）

如图 5-106 所示，天津生态文明建设综合指数中，生态经济大于生态环境，生态环境大于生态文化，生态文化大于生态制度。

3. 河北生态文明建设综合指数

（1）生态经济综合得分

首先采用极差标准化法对原始指标进行标准化处理。

正向指标：$X'_i = (X_i - \min X_i) / (\max X_i - \min X_i)$

负向指标：$X'_i = (\max X_i - X_i) / (X_i - \min X_i)$

表 5-42 生态经济指标标准值

年份	第三产业增加值占GDP比重	万元GDP化学需氧量排放量	万元GDP二氧化硫排放量	单位地区生产总值能耗	工业污染治理完成投资占GDP比重
2005	0.04	0.00	0.00	0.00	0.77
2006	0.10	0.11	0.11	0.04	0.44
2007	0.04	0.34	0.30	0.09	0.40
2008	0.00	0.54	0.48	0.17	0.29
2009	0.16	0.63	0.56	0.24	0.09
2010	0.15	0.74	0.65	0.28	0.00
2011	0.15	0.17	0.66	0.49	0.18
2012	0.21	0.28	0.71	0.48	0.14
2013	0.27	0.35	0.75	0.56	0.51
2014	0.33	0.41	0.78	0.63	1.00
2015	0.52	0.49	0.82	0.70	0.50
2016	0.60	1.00	0.91	0.78	0.09
2017	0.76	0.61	1.00	0.85	0.18
2018	0.89	0.78	0.97	0.93	0.33
2019	1.00	0.81	0.98	1.00	0.16

表 5-43 生态经济综合得分

年份	第三产业增加值占GDP比重	万元GDP化学需氧量排放量	万元GDP二氧化硫排放量	单位地区生产总值能耗	工业污染治理完成投资占GDP比重
2005	0.00344	0.00000	0.00000	0.00000	0.05745
2006	0.00836	0.00912	0.00842	0.00362	0.03288
2007	0.00294	0.02729	0.02419	0.00724	0.02969
2008	0.00000	0.04367	0.03847	0.01388	0.02145

年份	第三产业增加值占GDP比重	万元GDP化学需氧量排放量	万元GDP二氧化硫排放量	单位地区生产总值能耗	工业污染治理完成投资占GDP比重
2009	0.01287	0.05083	0.04499	0.01932	0.00662
2010	0.01220	0.06005	0.05178	0.02294	0.00000
2011	0.01276	0.01387	0.05305	0.03984	0.01358
2012	0.01700	0.02252	0.05707	0.03958	0.01068
2013	0.02213	0.02848	0.05970	0.04566	0.03823
2014	0.02750	0.03338	0.06262	0.05174	0.07424
2015	0.04274	0.03946	0.06527	0.05782	0.03676
2016	0.04975	0.08124	0.07252	0.06390	0.00684
2017	0.06228	0.04995	0.07994	0.06998	0.01308
2018	0.07318	0.06313	0.07729	0.07606	0.02469
2019	0.08244	0.06579	0.07795	0.08214	0.01182

（2）生态环境综合得分

首先采用极差标准化法对原始指标进行标准化处理。

正向指标：$X'_i = (X_i - \min X_i) / (\max X_i - \min X_i)$

负向指标：$X'_i = (\max X_i - X_i) / (X_i - \min X_i)$

表 5-44 生态环境指标标准值

年份	人均水资源量	森林覆盖率	空气质量达标率	生活垃圾无害化处理率	人均城市绿地面积
2005	0.29	0.00	0.79	0.00	0.00
2006	0.07	0.00	0.81	0.01	0.05
2007	0.16	0.00	0.87	0.14	0.13
2008	0.48	0.00	0.92	0.21	0.27
2009	0.32	0.63	0.97	0.24	0.35
2010	0.28	0.63	0.99	0.44	0.51
2011	0.41	0.63	1.00	0.50	0.54
2012	1.00	0.63	1.00	0.66	0.59
2013	0.54	0.63	0.00	0.69	0.64
2014	0.00	0.63	0.11	0.76	0.71
2015	0.21	1.00	0.29	0.93	0.75
2016	0.75	1.00	0.37	0.96	0.83
2017	0.22	1.00	0.48	1.00	0.89
2018	0.41	1.00	0.37	1.00	0.95
2019	0.03	1.00	0.46	0.99	1.00

表 5-45 生态环境综合得分

年份	人均水资源量	森林覆盖率	空气质量达标率	生活垃圾无害化处理率	人均城市绿地面积
2005	0.01802	0.00000	0.04917	0.00000	0.00000
2006	0.00406	0.00000	0.05036	0.00080	0.00286
2007	0.00985	0.00000	0.05450	0.00867	0.00700
2008	0.02968	0.00000	0.05776	0.01300	0.01442
2009	0.01950	0.03758	0.06072	0.01506	0.01907

年份	人均水资源量	森林覆盖率	空气质量达标率	生活垃圾无害化处理率	人均城市绿地面积
2010	0.01744	0.03758	0.06161	0.02738	0.02748
2011	0.02511	0.03758	0.06220	0.03057	0.02964
2012	0.06150	0.03758	0.06250	0.04061	0.03225
2013	0.03291	0.03758	0.00000	0.04278	0.03501
2014	0.00000	0.03758	0.00681	0.04654	0.03874
2015	0.01306	0.06000	0.01807	0.05727	0.04078
2016	0.04628	0.06000	0.02310	0.05932	0.04537
2017	0.01375	0.06000	0.02992	0.06160	0.04842
2018	0.02509	0.06000	0.02340	0.06160	0.05193
2019	0.00192	0.06000	0.02873	0.06114	0.05440

（3）生态文化综合得分

首先采用极差标准化法对原始指标进行标准化处理。

正向指标：$X'_i = (X_i - \min X_i) / (\max X_i - \min X_i)$

负向指标：$X'_i = (\max X_i - X_i) / (X_i - \min X_i)$

表5-46 生态文化指标标准值

年份	人均拥有公共图书馆藏量	自然保护区占辖区面积比重	建成区绿化覆盖率
2005	0.00	0.00	0.13
2006	0.05	0.23	0.00
2007	0.09	0.00	0.13
2008	0.14	0.00	0.44

续表

年份	人均拥有公共图书馆藏量	自然保护区占辖区面积比重	建成区绿化覆盖率
2009	0.18	0.00	0.62
2010	0.23	0.11	1.00
2011	0.27	0.11	0.92
2012	0.41	0.68	0.76
2013	0.36	0.79	0.79
2014	0.50	0.62	0.89
2015	0.55	0.70	0.77
2016	0.59	0.79	0.73
2017	0.73	0.79	0.87
2018	0.82	0.92	0.85
2019	1.00	1.00	0.94

表 5-47 生态文化综合得分

年份	人均拥有公共图书馆藏量	自然保护区占辖区面积比重	建成区绿化覆盖率
2005	0.00000	0.00000	0.00887
2006	0.00273	0.01578	0.00000
2007	0.00545	0.00000	0.00887
2008	0.00818	0.00000	0.03056
2009	0.01091	0.00000	0.04338
2010	0.01364	0.00789	0.07000
2011	0.01636	0.00789	0.06408
2012	0.02455	0.04734	0.05324
2013	0.02182	0.05523	0.05521
2014	0.03000	0.04318	0.06211

年份	人均拥有 公共图书馆藏量	自然保护区 占辖区面积比重	建成区绿化覆盖率
2015	0.03273	0.04883	0.05423
2016	0.03545	0.05523	0.05127
2017	0.04364	0.05523	0.06113
2018	0.04909	0.06449	0.05915
2019	0.06000	0.07000	0.06606

（4）生态制度综合得分

首先采用极差标准化法对原始指标进行标准化处理。

正向指标：$X'_i = (X_i - \min X_i)/(\max X_i - \min X_i)$

负向指标：$X'_i = (\max X_i - X_i)/(X_i - \min X_i)$

表5-48 生态制度指标标准值

年份	生态建设与保护本年完成投资 占 GDP 比重	国内专利申请受理量
2005	1.00	0.00
2006	0.85	0.01
2007	0.67	0.02
2008	0.54	0.03
2009	0.49	0.05
2010	0.38	0.06
2011	0.00	0.12
2012	0.04	0.18
2013	0.02	0.22

年份	生态建设与保护本年完成投资占 GDP 比重	国内专利申请受理量
2014	0.15	0.25
2015	0.16	0.40
2016	0.20	0.51
2017	0.19	0.58
2018	0.40	0.82
2019	0.32	1.00

表 5-49 生态制度综合得分

年份	生态建设与保护本年完成投资占 GDP 比重	国内专利申请受理量
2005	0.05000	0.00000
2006	0.04240	0.00043
2007	0.03328	0.00077
2008	0.02702	0.00144
2009	0.02434	0.00261
2010	0.01918	0.00311
2011	0.00000	0.00590
2012	0.00180	0.00888
2013	0.00108	0.01118
2014	0.00728	0.01244
2015	0.00797	0.01985
2016	0.00996	0.02553
2017	0.00961	0.02893
2018	0.02019	0.04078
2019	0.01580	0.05000

（5）综合指数

表 5-50 天津生态文明建设综合指数

年份	生态经济	生态环境	生态文化	生态制度	总计
2005	0.06089	0.06719	0.00887	0.05000	0.18695
2006	0.06239	0.05807	0.01851	0.04283	0.18181
2007	0.09135	0.08002	0.01433	0.03405	0.21975
2008	0.11747	0.11487	0.03875	0.02846	0.29955
2009	0.13463	0.15193	0.05429	0.02695	0.36781
2010	0.14696	0.17149	0.09153	0.02228	0.43226
2011	0.13310	0.18510	0.08834	0.00590	0.41244
2012	0.14685	0.23444	0.12513	0.01067	0.51709
2013	0.19420	0.14828	0.13226	0.01226	0.48699
2014	0.24948	0.12968	0.13529	0.01972	0.53417
2015	0.24205	0.18917	0.13579	0.02781	0.59482
2016	0.27425	0.23408	0.14195	0.03548	0.68576
2017	0.27523	0.21368	0.16000	0.03854	0.68744
2018	0.31435	0.22203	0.17273	0.06097	0.77008
2019	0.32014	0.20620	0.19606	0.06580	0.78820

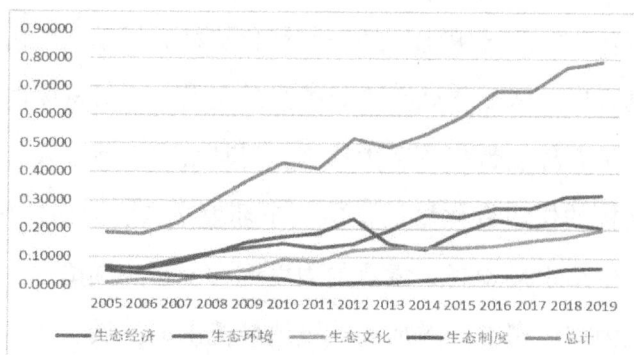

图 5-107 河北生态文明建设综合指数（2005-2019 年）

如图 5-107 所示，河北生态文明建设综合指数中，生态经济大于生态环境，生态环境大于生态文化，生态文化大于生态制度。

五、城镇化与生态文明建设耦合度与协调度模型构建与测度

（一）城镇化与生态文明建设的交互耦合关系分析

城镇化是一个经济、社会、文化、空间等多种因素综合发展的过程，实质上也是以内向式集聚为主和外向式推动为辅的综合集聚优化过程，它不仅表现为人口由农村向城镇的转移集聚、城镇人口逐步增加，还表现为农业生产向城市消费的转换、农业地域向城市空间转换而导致的城镇数量增加和城镇规模扩大，基于这种内涵和过程，城镇化的综合评价可以概括为 4 个方面：人口城镇化、空间城镇化、经济城镇化和社会城镇化。由于城镇人口的增加与城镇空间扩张的失衡，人口密度的增加给生态环境带来了巨大压力；同时城市生活方式和消费结构的快速变化增加了向生态环境索取资源的需求，并且生活水平越高，索取的力度越大。空间城镇化主要变现为城镇密度的增加和城镇地域范围的扩展，在这一过程中城镇用地不断增加，造成土地资源紧张，同时衍

生而来的城市交通扩展也给生态环境带来了景观破坏和噪声污染等问题。经济城镇化表现为农业活动向非农业活动转换和城市经济的转型提升。由于规模经济带动了产业集聚从而提升了经济总量，消耗了更多资源能源，增大了生态环境压力；同时由于经济总量的增加，使城镇更具能力进行环保投资，在一定程度上缓解了生态压力，经济城市化对生态文明建设具有双重作用。社会城市化主要表现为城市经济和生活方式向广大农村地区蔓延扩散，对城镇化的提升具有辅助作用，通过改变人们的生活方式和传统消费理念来影响资源利用方式和环境保护治理效果。

因此，城镇化过程中诸多方面都会对生态环境带来一定的影响和压力，同时，生态文明建设通过响应和反馈对城镇化过程的每个方面都有一定的引导和优化作用。总的来说，城镇化和生态文明建设之间客观存在着极其复杂的交互耦合关系，城镇化对生态文明建设有一定的胁迫作用，同时生态文明建设对城镇化有一定的引导和优化作用。

（二）城镇化与生态环境的耦合度与协调度模型

1. 耦合度模型

耦合度源自于物理学概念，是指两个（或两个以上的）系统通过受自身和外界的各种相互作用而彼此影响的现象或过程，耦合度则是表示系统或要素之间相互影响的程度。

两个系统的耦合度一般采用如下模型

$$C = 2\frac{\sqrt{U_1 U_2}}{(U_1 + U_2)}$$

式中：ui（i=1，2）表示各子系统的综合发展水平，分别为城镇化系统和生态文明建设系统的综合发展水平。显然，$C \in [0, 1]$，C 越接近 1，说明系统间的相互耦合度越强；反之，则越弱。当 C=1 时，耦合度达到临界最大，表明系统之间的相关性极强；当 C=0 时，耦合度达到临界最小，表明系统间彼此互不影响，没有关联性。

2. 协调度模型

耦合度只能说明系统间相互作用、相互影响的程度，即只能描述城镇化与生态文明建设之间是否存在关联，而无法真实反映二者之间的协调发展水平，为解决此问题，建立协调度模型：

$D = (C \cdot T)^{1/2}$，$T = \alpha u_1 + \beta u_2$

其中，D 为协调度，T 为城镇化与生态文明建设的综合协调指数；α 和 β 为待定系数，分别代表城镇化和生态文明建设的贡献份额。

（三）城镇化与生态环境的耦合度与协调度综合测算

1. 耦合度综合测算

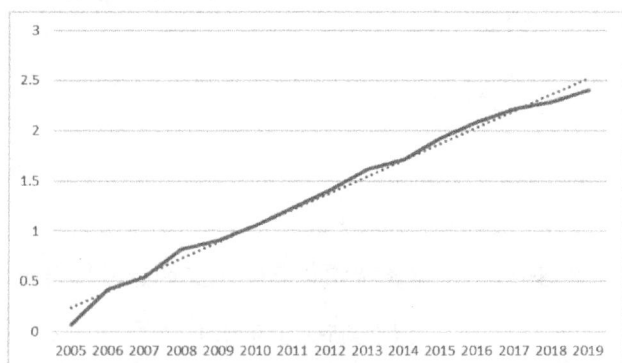

图 5-111　京津冀城镇化综合指数（2005-2019 年）

如图 5-111 所示，京津冀城镇化水平 15 年间持续增长，且增长幅度较大。

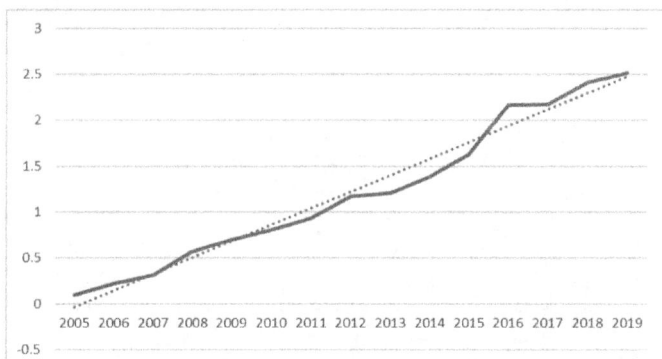

图 5-112　京津冀生态文明建设综合指数（2005-2019 年）

如图 5-112 所示，京津冀生态文明建设水平 15 年间持续波动增长，但增长幅度相对没有城镇化大，且存在波动情况。

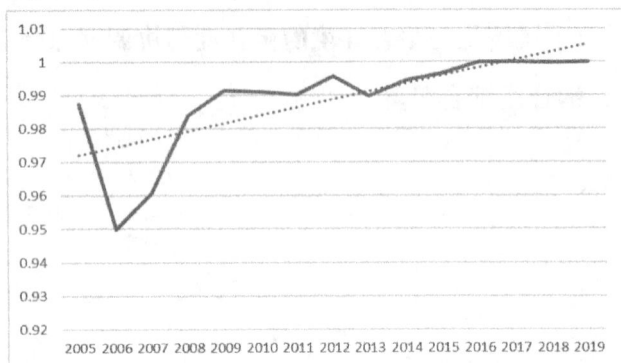

图 5-113 京津冀城镇化与生态文明建设耦合度

（2005-2019 年）

如图 5-113 所示，京津冀城镇化与生态文明建设存在相互影响的相关关系，耦合度 15 年间虽然呈现波动，但整体耦合趋势逐渐保持平稳。

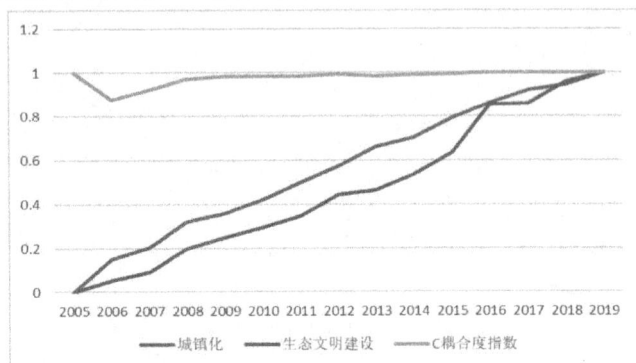

图 5-114 京津冀城镇化、生态文明建设与耦合度关系

（2005-2019 年）

如图 5-114 所示，京津冀城镇化与生态文明建设耦

合度，从 2005 年开始城镇化速度高于生态文明建设水平，在 2016 年达到拐点，生态文明建设水平首次赶平城镇化建设水平，2017 年出现短暂下滑，到 2018 年实现相对平稳的超越。

2. 关联度综合测算

根据城镇化与生态文明建设的重要性程度比较，关联度分为三种情景进行测算，即城镇化重要性等同于生态文明建设（$\alpha=1/2$，$\beta=1/2$）；城镇化重要性小于生态文明建设（$\alpha=1/3$，$\beta=2/3$）；城镇化重要性等大于生态文明建设（$\alpha=2/3$，$\beta=1/3$）。

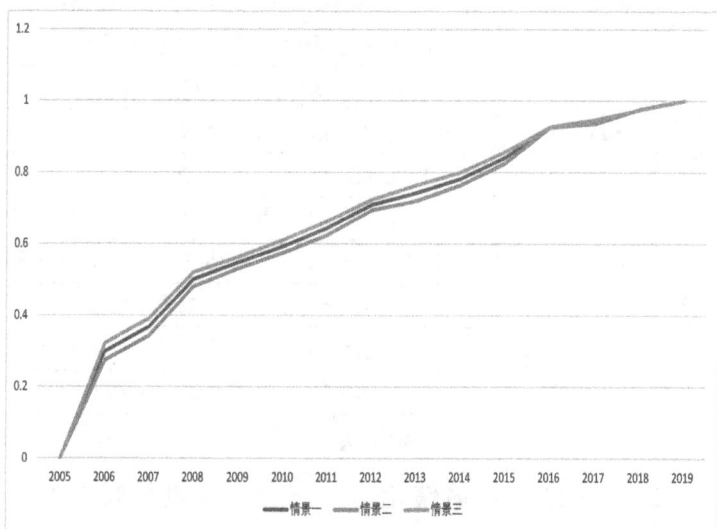

图 5-115　京津冀城镇化与生态文明建设与关联度三种情景
（2005-2019 年）

如图 5-115 所示，京津冀城镇化与生态文明建设关联度，三种情景下都持续增长，并且增长幅度相对较大。同时可以看出，三种情景下，根据耦合度及城镇化综合指数 U1 和生态文明建设综合指数 U2，同时借鉴物理学关于协调类型的划分，可以将城镇化与生态文明建设的耦合关联类型分为 3 大类，4 个亚类和 12 个子类型。见表 5-51：

表 5-51 耦合关联类型划分

类型	区间	亚类型	子类型	内涵
协调发展	$0.8<D\leqslant1$	高级协调	$U_2-U_1>0.1$	高级协调—城镇化滞后
			$U_1-U_2>0.1$	高级协调—生态文明滞后
			$0\leqslant U_1-U_2\leqslant0.1$	高级协调
转型发展	$0.5<D\leqslant0.8$	基本协调	$U_2-U_1>0.1$	基本协调—城镇化滞后
			$U_1-U_2>0.1$	基本协调—生态文明滞后
			$0\leqslant U_1-U_2\leqslant0.1$	基本协调
不协调发展	$0.3<D\leqslant0.5$	基本不协调	$U_2-U_1>0.1$	基本不协调—城镇化受阻
			$U_1-U_2>0.1$	基本协调—生态文明受阻
			$0\leqslant U_1-U_2\leqslant0.1$	基本不协调
	$0<D\leqslant0.3$	严重不协调	$U_2-U_1>0.1$	严重不协调—城镇化受阻
			$U_1-U_2>0.1$	严重协调—生态文明受阻
			$0\leqslant U_1-U_2\leqslant0.1$	严重不协调

2005—2006 年城镇化与生态文明建设关联度处于不协调发展阶段，是严重不协调类型，正处于大力推进城镇化建设阶段，属于严重协调—生态文明受阻。

2007—2008 年城镇化与生态文明建设关联度处于不协调发展阶段，具体属于严重不协调—生态文明建设受阻类型，生态文明建设严重滞后于城镇化发展，2008年奥运会的召开是二者关联度变化的节点。

2009—2014 年处于转型发展阶段，城镇化与生态文明建设关联度持续增加，但趋势变缓，一直维持在基本协调—生态环境滞后阶段。这一时期城镇化综合水平继续增加，但生态文明建设却开始出现波动变化，究其原因主要是因为奥运会过后，京津冀地区的部分污染性行业企业逐步开始运行，环境质量开始下降，影响京津冀地区整体的生态和经济系统的协调发展。但随着对生态文明建设的重视程度不断增加，二者联系度优化的趋势逐渐明显。

2015—2019 年属于协同发展阶段。随着 2014 年把京津冀协同发展纳入到国家战略后，京津冀协同发展战略将生态环境保护合作提升到一个新高度。三地携手发力，调结构、促转型、完善立法、加强监管，尤其北京提出减量提质的发展思路，生态文明建设取得实效进展，整体上城镇化与生态文明建设协同进步。

第六章　京津冀城镇化与生态文明建设协同治理路径

一、在新型城镇化中持续强化生态文明建设

（一）生态文明建设对推动城镇化提质发展意义重大

城镇化在规划建设过程应以生态环境的承载能力作为前置条件，加强生态环境建设，通过生态文明建设提升城镇化综合承载力，促进新型城镇化建设高质量发展。

1.城镇化进程中要持续强化生态文明建设

城镇化建设的最终目标是建设环境优美、绿色生态、资源节约的宜居之地，因此，要逐步摒弃过度消耗资源和以破坏环境为代价的发展方式，提高居住的生态环境质量。城镇化建设和生态文明建设的目并不矛盾，是一致并行的，城镇化与生态文明建设互为衡量。

在大量推进城镇化建设时，势必会增加对资源的不断需求，导致生态环境压力持续增大，环境问题愈加突出，因此，生态文明建设是城镇化进程中的必然要求。

2. 生态文明建设是城镇化持续推进的强大动力和重要保障

生态文明建设是以实现人与自然和谐发展为目的，是继工业文明之后的一种新的人地关系模式。城镇化是实现工业化和现代化的必然方式，可以提高工业化水平和满足人民群众的生活要求。只有生态环境优美，群众才能安居乐业，生活质量和幸福指数才能不断提升。因此，加强生态文明建设是城镇化健康发展的重要保障和基础前提。

3. 城镇化与生态文明建设需要"同频共振"

在城镇化工程中，工业化水平不断提升，经济活动和生产要素也不断地在城镇地域上集聚。伴随着人口的大量迁移，城市中原有的生态系统的固有联系被割裂，内部的平衡状态也遭到干扰和破坏。二者之间的关系是相互促进、相辅相成、协同发展，是双赢关系而不是对抗关系。如果在城镇化过程中没有及时转变对生态环境的负面影响，那么伴随着资源匮乏、生态破坏、环境污染等系列恶果，城镇化将成为一纸空谈。因此，推进城镇化与生态文明建设需要同步进行、统筹兼顾、相得益彰。

（二）城镇化过程中加强生态文明建设路径

1.绿色城镇化，打造生态城市

生态城市建设以人与自然和谐为核心，是具有人工复合特点的新型城市形态，生态城市的建设是一项系统工程，包括社会系统、生态系统、经济系统、文化系统等。建设生态型城镇，坚持走生态型、绿色化城镇道路，在此过程中政府必须发挥主导作用，加强顶层设计，城市规划中体现前瞻性，同时强化规划的法律效力和约束力，以人民为中心，根治环境污染、交通拥堵、教育医疗等现代城市病。并加强政府引领，推进城镇基础设施建设和合理布局，建设和谐宜居友好城市。

2.促进协调发展能力，积极稳妥推进城镇化

（1）城镇发展定位清晰。主体功能定位精准，对现有综合承载能力达到临界区域要科学论证后审慎开发，对于目前综合承载能力较大的区域要重点开发，对现有生态功能的重点区域要根据"三区三线"划定，限制大规模、高强度的开发。

（2）区域协调发展。根据功能定位发挥不同区域的比较优势，完善产业结构合现代产业体系，以科技创新

推动工业转型升级，大力发展特色产业，实现区域优势互补，最终达到共赢。

（3）城乡统筹发展。城镇化进程中，要兼顾农村和城市统筹发展，统筹城镇化与乡村振兴，要能记得住乡愁，保留具有地域特色的生产和生活方式，成为城市文明不可或缺的重要组成部分。同时，城镇化建设也不能千篇一律，要有所差异，根据地方特色突出特点，使城镇化建设多元、多样，实现城乡兼容的综合建设和发展。

3.继续加强环境保护

对于饮水、空气、环境污染等问题，要采取综合手段，改善城镇环境质量。尤其对大量人口迁移、聚集带来的生活垃圾和污水要着重治理。提升政府监管能力，有效防治污水、大气、噪声等污染，重点对重金属、危险废物、土壤污染开展针对性治理。加强制度体系建设，完善环境重大事件和污染事故启动追责制度，实施严格的环境影响评价制度和污染物排放标准控制制度，建立健全污染者付费制度。

4.提高生态环境管理能力

政府发挥主体作用，实施、实行最严格生态环保目标责任制，将耕地和生态环境保护工作逐步纳入各级政府的议事日程，用行政手段纠偏市场中出现的问题。积极使用税收、补贴、排污权交易等经济手段进行引导，使生态环境保护制度能顺利实施。要奖惩并行，对于先进积极要奖励，对于破坏生态环境的行为要严厉惩治。综合运用行政、经济、法律等多种手段进行引导和监管。同时，结合"双碳"目标，转变经济发展方式，进行产业结构战略性调整，努力实现节能减排目标，推行循环经济和低碳经济，建立生态、低碳、智慧的宜居城市。

5.加强城镇生态保护和防灾防病体系建设

有针对性、有重点地实施重大生态修复工程，对自然保护区、草地、森林、湿地、水系、山脉等生态系统进行重点保护。进一步完善京津冀区域生态补偿机制，尤其跨区域生态补偿。加大水利基础设施建设，增强抵御洪灾的能力，建立防灾防病应急体系，完善调查评价、检测预警等关键环节。

二、新型城镇化助力生态文明建设

（一）新型城镇化对生态文明建设有重要影响

从生态文明建设的角度来看，城镇化对生态文明产生着双重影响和正负作用。

1. 城镇化对生态环境的负面影响分析

城镇生态环境问题的负面影响高于乡村，是环境污染和生态破坏的集中区域。负面影响主要集中在几个方面：第一，对水环境的负面影响。大量的人口和产业集中，加速了对水资源的需求量，并通过人工干扰破坏了水资源内部的生态平衡系统，加速了城市水资源的短缺，表现为水质恶化、水源污染、暴雨洪灾等问题。第二，对大气质量的负面影响。汽车尾气的排放、工业废气的排放等加剧了城市大气污染和气候变化，导致热岛效应严重。第三，固体废弃物的负面影响。城市有大量的固体废弃物，包括工业固体废物、医疗废物、生活垃圾等，带来环境污染隐患。

2. 城镇是推进生态文明建设的重要空间场所

城镇是生态文明建设的物质载体和空间场所，是着力推进生态文明建设的重要空间场所。城镇化对生态环境的正效应可以概括为以下几个方面：一是资源高效利用效应。城镇产业和基础设施相对集中，有效避免了乡村"村村点火、家家冒烟"的低效率、高成本。二是人口集聚效应。城镇化能有效促进城乡人口流动，能有效解决农村剩余劳动力的就业问题，有利于促进农村土地的集约高效利用，为农业生产和生态空间提供保障。三是强化教育。产业和人口集聚中互动学习，通过文明教育，可以有效提高环保意识和文明行为。四是废弃物的集中治理。在污染物、废弃物的集中治理方面城市具有相对优势。废弃物的过于分散不仅会加大治理的成本，也不利于废弃物的有效回收利用。

（二）生态文明建设融入城镇化的路径

城镇化作为推动经济社会发展的重要动力之一，备受关注，如何避免传统城镇化的陷阱，是理论界与各级政府关注的焦点问题，不仅要速度，更要质量。生态文明建设为城镇化提升质量带来机遇，可以在产业发展、城镇空间布局、居民生产生活中实现绿色发展，以生态文明建设为理念，明确主体功能定位，发展生态经济，开展绿色空间建设，转变生活方式，提供生态产品。

1. 为城镇化建设提供基础保障

建设生态文明主要目的是协调经济社会发展与资源环境的关系，要在地域空间上合理进行国土规划，使生产、生活和生态空间布局合理，要明确工业化和城镇化的优先区域，并对城镇化发展的规模和速度进行调节。

2. 多领域融入城镇化建设

（1）生态文明与产业结构的融合。产业发展是城镇化的动力源泉之一，对城镇化的效应和质量影响显著。

以生态文明建设为理念，推动产业结构由低级阶段向高级阶段演进，并实现循环经济。

（2）生态文明与空间优化的融合。城镇的空间形态要体现集聚化、节约化、紧凑化，要优化空间结构，改变传统摊大饼的扩张，优化公共资源配置，实现空间效益的最大化。

（3）生态文明与基础设施的融合。在尊重自然客观规律的前提下规划符合当地自然条件的基础设施，顺从地形、地貌、降水、气候、风向等地理因素，借助自然的有利条件达到节约能源与减少资源消耗的目的。在城乡之间统筹布局、共建共享基础设施。

（4）生态文明与生活方式的融合。要提倡节约型消费模式和低碳型生活方式，要宣传勤俭节约、合理消费、适度消费、绿色消费生态文明理念，增强居民的环保意识，加强环境伦理、环境文化宣传。

（5）生态文明与生态产品的融合。生态产品是未来城镇居民的必需品，要通过市场赋予生态产品经济价值、社会价值，体现多维价值内涵，对生态产品需求的支付能力采取多样化的生态补偿方式，提高生态产品的生产能力。

三、城镇化与生态文明建设协同治理路径

（一）存在问题

党的十八大以来，各级政府高度重视生态文明建设，尤其在城镇化过程中，日益重视与生态文明建设协同推进，不断探索二者协同推进路径和运行方式。一方面推进城镇高质量发展，转变经济增长方式，提升资源和能源的使用效率，一方面严格废水、废气、废物的排放标准，加大环境治理和生态修复力度。但因二者协同发展阶段、目标存在较大差距，目前还存在若干问题。

在土地利用中低效利用尚存。因快速城镇化导致摊大饼、大兴土木，导致土地非农户与实际发展不符，乱批乱占土地，盲目建设城市新区和经济开发区，引致土地利用开发强度过高，势必影响和挤占生态空间，无形中加剧了生态空间面积、耕地总量和生态产品、农产品之间的矛盾。

资源短缺依旧是严峻现实。粗放式、低水平的城镇化必然伴随资源能源短缺。水资源短缺是城镇化进程中必须面对的现状，加之无规划利用、保护滞后、低效利用等问题，加重了城市淡水资源贫缺的局面。城镇化的盲目扩张，导致森林资源逐年减少、林地面积不断萎

缩、生态绿地持续破碎，将会破坏城镇生态系统的良性循环，降低森林的物种保存、防止洪涝灾害、调节气候、水源涵养地等多方面的生态服务功能。从能源角度来说，城市对矿产资源的依赖和消耗相当严峻，石油消费对外依存度也在逐年提高，且伴随着"双碳目标"的实现，面临着能源结构调整的较大压力。

环境治理投入较大。城镇化建设中环境基础设施、环境治理和生态修复均需要投入较大资金，这也是造成我国城市面临严重的环境生态问题的重要原因。同时，受传统经济增长观影响，城镇政府的财政投入相对更加偏爱经济增长，尤其关注交通、房产、基础设施等对短期经济效益拉动名下的工程建设。而环境设施建设具有生态利益滞后性，因此对绿色生产、环境治理、污水垃圾处理等积极性不高。产生环境治理投入与城镇发展水平严重不对称、不匹配的现象，加剧人与自然的矛盾，影响区域可持续发展。

（二）协同路径

1. 持续优化国土空间利用

国土空间利用与城镇化和生态文明建设密切相关，京津冀因早期城镇化进程中国土空间资源粗放利用而导致生态系统退化、环境污染等问题。优化国土空间不仅有利于城镇化高质量发展，更能有效促进生态文明建设顺利开展。

（1）划分不同功能区是设协同治理的首要条件

以习近平生态文明思想为指导，按照生产发展、生活富裕、生态良好的要求，综合考虑京津冀不同区域资源环境承载能力、现有开发强度和未来发展潜力，设定不同区域主体功能，优化空间结构、引导产业和人口集中，提升城镇化质量，同时划定生态功能区，限制甚至禁止高强度的工业化和城镇化开发。

（2）根据京津冀不同区域的特点确定科学合理的城镇化定位

城市核心区要提升服务经济发展水平，推进城市更新，增强创新发展能力和产业活力，大力发展现代服务业和数字经济。新型城镇化地区的发展方向是适度扩大城镇居住空间，减少农村居民点，促进人口集聚，加强新城和小城镇的建设，优化提升先进制造业和发展战略性新兴产业，推动绿色低碳发展。生态涵养区的城镇化方向是引导人口合理分布，建设人口集聚的田园式新城和新市镇区，发展现代服务业，建设生态宜居、休闲运动和教育培训为主的科教研创区和文旅融合区。

（3）确定与京津冀不同区域城镇化发展方向相匹配的生态文明功能

城镇典型的"社会—经济—自然—生态"复合系统，生态文明建设对其他子系统相互联系、相互制约和相互影响。与功能相匹配的生态文明建设会产生巨大的外部推动，与其他子系统协同发展产生最大的整体效应。

2. 转变经济发展模式

生态生产力之所以先进，就是汲取了生态文明观，反对以浪费资源和牺牲生态环境为代价，在城镇化进程中保持可持续发展的良好态势。我们现实国情自然资源禀赋并不富足，这就决定了生态文明必须走资源开发与节约、生态可持续的科学道路。发展循环经济，实现生产过程的废物零排放，改变过去"资源→产品→废物"的线性模式，形成"资源→产品→再生资源"的物质反复循环流动的闭合循环模式。实现城镇化与生态文明建设协调发展，平衡区际公平和代际公平。

3. 培育全民的生态价值观取向

新型城镇化是以人为核心的城镇化，而不是以物为核心的城镇化。生态文明建设一定要鼓励全体市民积极参加，通过生态文明教育，树立全面的生态价值取向。

第一，倡导绿色消费模式。绿色消费模式是建设环境友好型城市的重要内容，在新型城镇化的过程中必须积极倡导文明、节约、绿色、低碳的消费理念，构建符合我国国情的绿色消费模式。倡导群众购买使用节能节水产品、节能环保型汽车和节能省地型住宅，着手降低一次性用品的使用量，抵制过度包装，理性合理消费。第二，提升公众生态文明素养。倡导公众积极参与环境保护，通过完善生态文明和生态道德教育机制，树立正确的生态文明观，强化个人、家庭、学习、单位、社会等全方位生态教育体系，促进生态保护、生态文明、绿色发展等理念入脑入心，转化为自觉行动，自觉自愿履行保护生态环境的责任和义务。

4.加强生态环境制度体系构建

生态环境制度体系建设是生态文明建设能否成功的关键，应将生态环境作为生产要素纳入市场运行机制之中，通过相关政策、法规和标准体系进行规范管理。尤其要强化城镇化进程中的环境监管，实时掌握区域环境治理情况，尤其是对农村环境质量、水源保护地、自然保护区和重要生态功能保护区的监测评价。进一步完善促进资源有效利用的法律法规，提高行业准入标准，加强对高耗能、高污染行业的监管，加快制定产品的强制性效能标准，修订和完善主要效能行业节能设计规范、建筑节能标准。建立循环经济发展考核指标和评估系统，促进循环经济发展。

（三）对策与建议

1. 生态统领为原则，开展京津冀绿色城乡建设

京津冀区域的城镇化，必须以承载力刚性约束为前提，严格划定保障区域可持续发展的生态红线。明确城镇发展边界，构筑生态、生产、生活协同优化的城乡空间格局。加强京津冀都市圈、城市群生态建设与环境保护工作，立足生态目标，有序推进"双碳"工作。大力加强环首都生态空间建设，推进"环首都国家公园"和区域性生态廊道建设，特别可结合雄安新区白洋淀及其水系下游地区、潮白河—蓟运河湿地、天津—沧州滨海湿地建设生态功能恢复区，扩大湿地范围及生态林地面积。

2. 加快交通廊道建设，提升区域功能协作水平

轨道上的京津冀，让京畿"一盘棋"落子有声，京津冀"一亩三分地"壁垒逐渐打破。目前，北京已经呈现出典型的后工业化产业特征，要素向周边地区转移加速；天津也即将进入工业化中后期，产业链延伸并选择周边低成本空间扩张趋势逐步明朗，对于河北省来说就需要加快构筑承接产业平台，进一步提高城市的服务效能。因此河北要以京津冀"一小时交通圈"为切入点，进一步加快构筑城际轨道网和货运通道，加速京津产业要素外溢到区域中次级中心城市和新开发区域。强化空间布局，冀中南地区的区域性中心城市应加快建立促进货运枢纽体系，实现与京津产业的互动发展。同时完善京津冀中心城市之间的城际轨道网络，促使产业、创新、商务、文化等服务功能的聚合发展。大环线主要是立足北京、天津建立起连通300公里范围内主要中心城市的城际轨道网，如建设北京—保定—石家庄—衡水—沧州—天津—北京的城际轨道环线，主要城市形成0.5—1小时交通圈；小环线是推进北京、天津60公里的市郊轨道网建设，使得创新要素、生产、服务等功能向区域进一步扩散。

3.城镇化进程中进一步提高土地集约利用效率

借鉴发达国家经验，提高土地集约利用效率可以优化城镇空间形态，引导城乡功能重组。京津冀要强调差异化的发展目标，根据人口、经济、人均公共服务设施水平、非农就业劳动比重、农民人均纯收入等指标综合考量，制定分区、分类的城镇化政策，同时按照资源环境条件和人口流动趋势，分类建设不同功能新城。不同功能的新城以都市区为单元强化各类用地的统筹配置，逐步改变分散低效用地局面。城区首先要在挖潜现有存量上下功夫，结合城市更新，推动成片工业园区和老旧小区更新改造。进一步深化石家庄、唐山、邯郸、邢台和其他工业城市的园区提质扩能的潜力方向。严格控制农村建设用地粗放增长，鼓励分散工业、仓储、商贸企业向县（市、区）域范围内的产业聚集区集中。

4. 人才与创新驱动，引导要素合理流动与配置

城镇化与生态文明建设急需人才与创新支撑，特别是京津冀区域内工业城市转型发展离不开人才与创新驱动，因此，要大力推动中关村自主创新示范区的政策向京津冀地区延伸，推动中关村与北京周边 60 公里范围的城市，天津、石家庄、邯郸、唐山、秦皇岛、沧州等中心城市合作建设一批创新孵化基地、科技成果转化基地、人才家园和创新服务平台，真正形成一个京津冀 N 个中关村的局面。同时，政府要积极引导，提升区域整体的劳动力技能水平，积极利用京津人才优势与科研优势，加大职业教育培训，建设装备水平高、资源共享、具有教育培训、技能鉴定、生产服务等多种功能的实训基地，尽快提升区域整体的劳动力技能水平。

5. 以人民为中心，建立城镇化与生态文明建设协同发展模式

高质量推进城镇化的前提是不能破坏城市既有的生

态安全格局、不能突破综合环境容量、不能降低城市生态价值，城市建设和更新遵循低冲击模式，即以本地资源环境条件为基础。秉承循环利用、绿色发展、低碳发展等理念，土地利用"存量挖潜、增量提质"、水资源循环利用、垃圾无害化和资源化，产业发展绿色、低碳、环保。遵守"市场主导、共同发展、循序渐进、因地制宜"的可持续发展原则，促使城镇的理性扩张。以人的全面发展为原则，建立起就业、民生为导向的城镇化动力体系。目前京津冀人口流动呈现出典型的向京津两地集中的特征，应鼓励区域次级中心城市、县（市）城区通过发展服务经济扩大就业，实现更多人口向城市聚集。

参考文献

[1] 胡日东，苏梽芳．中国城镇化发展与居民消费增长关系的动态分析——基于 VAR 模型的实证研究 [J].上海经济研究，2007,（5）：58 -65.

[2] 崔功豪．城市地理学 [M].南京：江苏教育出版社，1992.

[3] 陈凤桂，张虹鸥，吴旗韬等．我国人口城镇化与土地城镇化协调发展研究 [J].人文地理，2010（5）：53 - 58.

[4] 程莉，周宗社．人口城镇化与经济城镇化的协调与互动关系研究 [J].理论月刊，2014（1）：119 - 122.

[5] 尹宏玲，徐腾．我国城市人口城镇化与土地城镇化失调特征及差异研究 [J].城市规划学刊，2013（2）：10 - 15.

[6] 张超．我国农村城镇化发展的原则与对策 [J].学海，2000,（5）：92-95.

[7] 周加来．城市化·城镇化·农村城市化·城乡一体

化——城市化概念辨析 [J]. 中国农村经济，2001（5）:40—44.

[8] 李昕，文婧，林坚. 土地城镇化及相关问题研究综述 [J]. 地理科学进展，2012，31（8）:1042-1049.

[9] 顾朝林，吴莉娅. 中国城市化研究主要成果综述 [J]. 城市问题，2008，（12）:2-12.

[10] 薛欧，赵凯，陈艳蕊等. 陕西省土地城市化水平评价分析 [J]. 山东农业大学学报：自然科学版，2011（3）:415 - 421.

[11] 吕萍，周滔，张正峰，田卓. 土地城市化及其度量指标体系的构建与应用 [J]. 中国土地科学，2008（8）:24 - 28，42.

[12] 吕萍. 土地城市化与价格机制研究 [M]. 北京：中国人民大学出版社，2008.

[13] 鲁德银. 土地城镇化的中国模式剖析 [J]. 商业时代，2010（33）:7-9,40.

[14] 韩雪. 山东省城镇化发展与产业结构演变的互动关系研究 [D]. 济南：山东大学，2013.

[15] 陆远权，刘建锋，杨丹. 城镇化与产业结构协调度测度研究——以三峡库区为个案分析 [J]. 重庆大学学报：社会科学版，2007，3（6）: 1 - 5.

[16]刘光奎. 重庆城镇化发展动力研究 [D]. 重庆：重庆师范大学，2013.

[17]于新东. 国外城市化研究综述与评点 [J]. 环球市场信息导报，2014，3:78-80.

[18]许学强，周一星，宁越敏. 城市地理学 [M]. 北京：高等教育出版社,1997: 22.

[19]宁越敏，李健. 泛长三角地区城镇化的机制、模式与战略 [J]. 南京社会科学，2009，（5）:8-14.

[20]辜胜阻. 中国城镇化的发展特点及其战略思路 [J]. 经济地理，1991，（3）:22-27.

[21]李国平. 我国工业化与城镇化的协调关系分析与评估 [J]. 地域研究与开发,2008（5）:6-16.

[22]佘谋昌. 生态文化论 [M]. 石家庄：河北教育出版社，2001: 326-328.

[23]Wackernagel M, Rees W. Our Ecological Footprint: Reducing Human Impact on the Earth[M] . New Society Publishers, Gabriola Island, BC,and Philadelphia, 1996.

[24]沈清基. 论基于生态文明的新型城镇化 [J]. 城市规划学刊，2013，1:29-36.

[25]Commoner B, Corr M, Stamler P J. The causes of pollution [J]. Environment: Science and Policy for Sustainable

Development, 1971,13（3）:2-19.

[26]Richardson H W. The costs of urbanization: A four-country comparison [J]. Economic Development and Cultural Change, 1987，35（3）:561-580.

[27]Rossi-Hansberg E, Wright M L. Urban structure and growth [J]. The Review of Economic Studies，2007，74（2）:597-624.

[28]方创琳,杨玉梅.城市化与生态环境交互耦合系统的基本定律[J].干旱区地理，2006，29（1）:1-8.

[29]方创琳,黄金川,步伟娜.西北干旱区水资源约束下城市化过程及生态效应研究的理论探讨[J],干旱区地理，2004，27（1）:1-7.

[30]黄金川,方创琳.城市化与生态环境交互耦合机制与规律性分析[J].地理研究，2003，22（2）:211-220.

[31]乔标,方创琳,黄金川.干旱区城市化与生态环境交互耦合的规律性及其验证[J].生态学报，2006,26（7）:2183-2190.

[32]刘耀彬,陈斐,周杰文.城市化进程中的生态环境响应度模型及其应用[J].干旱区地理，2008，31（1）:122-128.

[33]刘耀彬，李仁东，张守忠.城市化与生态环境协调标准及其评价模型研究[J].中国软科学，2005，（5）:140-148.

[34] 宋学锋，刘耀彬.基于 SD 的江苏省城市化与生态环境耦合发展情景分析 [J].系统工程理论与实践，2006，26（3）:124-130.

[35] 刘耀彬，李仁东.江苏省城市化与生态环境的耦合规律分析 [J].中国人口资源与环境，2006，16（1）:47-51.

[36] 刘耀彬.江西省城市化与生态环境关系的动态计量分析 [J].资源科学，2008，30（6）:829-836.

[37] 刘耀彬.区域城市化与生态环境耦合特征及机制 -以江苏省为例 [J].经济地理，2006，26（3）:456-462.

[38] 刘耀彬，宋学锋.区域城市化与生态环境耦合性分析——以江苏省为例 [J].中国矿业大学学报，2006，35（2）:182-187，196.

[39] 刘耀彬，李仁东，宋学锋.中国城市化与生态环境耦合度分析 [J].自然资源学报，2005，20（1）:105-112.

[40] 赵宏林，陈东辉.城市化与生态环境之关联耦合性分析——以上海市青浦区为例 [J].中国人口.资源与环境，2008（06）:174-177.

[41] 赵宏林.城市化进程中的生态环境评价及保护 [D].东华大学，2008.

[42] 马利邦，牛叔文，李怡欣.甘肃省城市化与生态环境耦合的量化分析 [J].城市发展研究，2010，17（5）:52-58.

[43] 卞鸿雁，任志远.陕西省城市化与生态环境系统耦合关系 [J].城市环境与城市生态，2011（02）:5-9.

[44] 纪明，曾曦昊.新型城镇化与生态文明建设协调发展的时空演化预测及驱动机制研究 [J].生态经济，2022，38（09）:212-220.

[45] 吴新静，孙雨薇.河南省生态文明与新型城镇化空间集聚及耦合协调发展研究 [J].农村经济与科技，2021，32（12）:217-219.

[46] 朱培伟，金酿，沈洋.新型城镇化与水生态文明：互动机理与耦合协调 [J].云南农业大学学报（社会科学），2021，15（05）:130-137.

[47] 黄茂兴，张建威.生态文明建设与新型城镇化协调发展的时空格局及影响因素——以福建省为例 [J].福建师范大学学报（哲学社会科学版），2021（01）:40-54+169-170.

[48] 张永生.基于生态文明推进中国绿色城镇化转型——中国环境与发展国际合作委员会专题政策研究报告 [J].中国人口·资源与环境，2020，30（10）:19-27.

[49] 白文静.基于不同尺度的新型城镇化与生态文明协调发展研究 [D].甘肃农业大学，2020.

[50] 李世冉，邓宏兵，张康康.武汉都市圈城镇化与生态文明建设耦合度及其影响因素研究 [J].西部论坛，

2020，30（03）:78-92.

[51] 杨立，黄涛珍.基于耦合协调度模型的生态文明与新型城镇化作用机理及关系研究[J].生态经济，2019，35（12）:60-66.

[52] 邓宗兵，宗树伟，苏聪文，陈钲.长江经济带生态文明建设与新型城镇化耦合协调发展及动力因素研究[J].经济地理，2019，39（10）:78-86.

[53] 李凯.河南省城镇化与生态文明建设协调发展研究[D].中国地质大学（北京），2018.

[54][11] 王家明.新型城镇化与生态文明建设的双维耦合分析[J].甘肃科学学报，2017，29（04）:130-136.

[55] 裴玮，邓玲.新型城镇化与生态文明建设协同推进的机理与实现路径[J].西北民族大学学报（哲学社会科学版），2017（01）:106-113.

[56] 熊曦，张闻，尹少华，蔡珍贵.生态文明建设与新型城镇化协调度测度研究——基于全国各省份的数据[J].生态经济，2016，32（03）:185-188.

[57] 于立."生态文明"与新型城镇化的思考和理论探索[J].城市发展研究，2016，23（01）:19-26.

[58] 祝志川，刘博，和军.中国乡村振兴、新型城镇化与生态环境协同发展测度分析[J].经济问题探索，2022

（07）:13-28.

[59] 余娇，杨鸿辉，陈榕榕，丁铮.生态城市城镇化与生态环境耦合协调时空分异[J].山东大学学报（理学版）:1-9[2022-10-10].

[60] 张扬，师海猛.黄河流域城镇化高质量发展与生态环境耦合协调度评价[J].统计与决策，2022，38（10）:71-75.

[61] 耿娜娜，邵秀英.黄河流域生态环境—旅游产业—城镇化耦合协调研究[J].经济问题，2022（03）:13-19.

[62] 冯俊华，张路路.陕西省新型城镇化与生态环境协调度研究[J].生态学报，2022，42（11）:4617-4629.

[63] 王语苓，何伟.省际交界区城镇化与生态环境耦合协调度分析——以晋冀蒙为例[J].环境保护科学，2021，47（05）:50-59.

[64] 孙斌，徐渭，薛建春，侯思杰.黄河流域城市群城镇化与生态环境耦合协调预测[J].地球科学与环境学报，2021，43（05）:887-896.

[65] 黄金川，娜英.哈萨克斯坦城镇化与生态环境耦合过程与机理分析[J].干旱区地理，2021，44（04）:1141-1152.

[66] 韩燕，张玉婷.甘肃省城镇化与生态环境耦合协调度[J].水土保持研究，2021，28（03）:256-263.

[67] 黄丹，肖翔.云南省新型城镇化与生态环境协调度研究 [J].中国农业资源与区划，2021，42（03）:190-198.

[68] 陈涛，王玉阁.城镇化与城市绿地生态环境耦合协调状况研究——以中国西部典型城市为例 [J].城市学刊，2021，42（02）:1-8.

[69] 杨亮洁，张小鸿，潘竟虎，杨永春.成渝城市群城镇化与生态环境耦合协调及交互影响 [J].应用生态学报，2021，32（03）:993-1004.

[70] 冯雨雪，李广东.青藏高原城镇化与生态环境交互影响关系分析 [J].地理学报，2020，75（07）:1386-1405.

[71] 杜霞，孟彦如，方创琳，李聪.山东半岛城市群城镇化与生态环境耦合协调发展的时空格局 [J].生态学报，2020，40（16）:5546-5559.

[72] 卢瑜，向平安.城镇化和生态环境的协同耦合研究——以长株潭城市群为例 [J].城市发展研究，2020，27（01）:1-6.

[73] 方创琳，崔学刚，梁龙武.城镇化与生态环境耦合圈理论及耦合器调控 [J].地理学报，2019，74（12）:2529-2546.

[74] 任亚文，曹卫东，张宇，苏鹤放，王雪微.长江经济带三大城市群城镇化与生态环境时空耦合特征 [J].长

江流域资源与环境，2019，28（11）:2586-2600.

[75] 任宇飞，方创琳，孙思奥，鲍超，刘若文.城镇化与生态环境近远程耦合关系研究进展 [J].地理学报，2020，75（03）:589-606.

[76] 史建军.城镇化与生态环境共生演进模式研究 [J].技术经济与管理研究，2019（07）:119-122.

[77] 崔学刚，方创琳，刘海猛，刘晓菲，李咏红.城镇化与生态环境耦合动态模拟理论及方法的研究进展 [J].地理学报，2019，74（06）:1079-1096.

[78] 王小兰，王海明，王旭熙.新型城镇化水平与生态环境压力脱钩关系时空差异分析——以四川省绵阳市为例 [J].中国农业资源与区划，2019，40（03）:121-129.

[79] 刘海猛，方创琳，李咏红.城镇化与生态环境"耦合魔方"的基本概念及框架 [J].地理学报，2019，74（08）:1489-1507.

[80] 史建军.城镇化进程中生态环境响应的时空分异及影响因素研究 [J].干旱区资源与环境，2019，33（05）:60-66.

[81] 王宾，于法稳.长江经济带城镇化与生态环境的耦合协调及时空格局研究 [J].华东经济管理，2019，33（03）:58-63.

[82] 崔学刚，方创琳，李君，刘海猛，张蕾.城镇化与生态环境耦合动态模拟模型研究进展[J].地理科学进展，2019，38（01）:111-125.

[83] 韩文艳，陈兴鹏，庞家幸，王宁飞，于原浩.城镇化—生态环境—旅游产业耦合协调发展研究——以丝绸之路经济带9省（区、市）为例[J].兰州大学学报（自然科学版），2018，54（06）:762-769.

[84] 黄河东，李东.中国城市群城镇化与生态环境耦合协调关系评价[J].江苏农业科学，2018，46（21）:268-272.

[85] 舒婷，雷思友.东北三省城镇化与生态环境的耦合分析[J].城市学刊，2018，39（06）:30-37.

[86] 马海涛，刘海猛，张芳芳.不同尺度空间的城镇化与生态环境关系研究评述[J].世界地理研究，2018，27（05）:60-70.

[87] 邢璐平，方斌.江苏省城镇化和生态环境的时空格局与协调发展研究[J].南京师大学报（自然科学版），2018，41（03）:131-137.

[88] 刘春雨，刘英英，丁饶干.福建省新型城镇化与生态环境的耦合分析[J].应用生态学报，2018，29（09）:3043-3050.

[89] 王柳元，高素惠，贺菊花，丁绪辉.新型城镇化

与生态环境协同发展的研究综述 [J]. 农学学报，2018，8（02）:66-73.

[90] 王国惠，赵新燕，黄永胜. 新型城镇化与生态环境协调发展关系探究 [J]. 经济问题，2018（03）:112-117.

[91] 谢锐，陈严，韩峰，方嘉宇. 新型城镇化对城市生态环境质量的影响及时空效应 [J]. 管理评论，2018，30（01）:230-241.

[92] 张雅杰，刘辉智. 长江经济带城镇化与生态环境耦合协调关系的时空分析 [J]. 水土保持通报，2017，37（06）:334-340.

[93] 方创琳，任宇飞. 京津冀城市群地区城镇化与生态环境近远程耦合能值代谢效率及环境压力分析 [J]. 中国科学：地球科学，2017，47（07）:833-846.

[94] 孙黄平，黄震方，徐冬冬，施雪莹，刘欢，谭林胶，葛军莲. 泛长三角城市群城镇化与生态环境耦合的空间特征与驱动机制 [J]. 经济地理，2017，37（02）:163-170+186.

[95] 冯霞，刘新平. 中东部城镇化与生态环境压力耦合演变对比分析——以豫苏两省为例 [J]. 江西社会科学，2017，37（01）:80-87.

[96] 刘贺贺，杨青山，张郁. 东北地区城镇化与生态

环境的脱钩分析 [J]. 地理科学，2016，36（12）:1860-1869.

[97] 高新才，杨芳. 西北地区城镇化与生态环境耦合协调度测度 [J]. 城市问题，2016（12）:26-33.

[98] 冯霞. 江苏省城镇化与生态环境协同发展的市际格局研究 [J]. 经济问题探索，2016（12）:90-97.

[99] 杨伟红，徐艳红，于鲁冀，梁亦欣. 河南省城镇化与生态环境协调发展度评价 [J]. 现代城市研究，2016（11）:117-123.

[100] 李馨宇，张思冲，胡彩云，周晓聪. 黑龙江省城镇化与生态环境协调性研究 [J]. 哈尔滨师范大学自然科学学报，2016，32（05）:81-86.

[101] 方创琳，刘海猛，李广东. 城镇化与生态环境交互耦合效应研究的国际进展与总体评价（英文）[J].Journal of Geographical Sciences，2016，26（08）:1081-1116.

[102] 王家庭，毛文峰. 武陵山片区城镇化与生态环境响应的计量分析——以湘西自治州为例 [J]. 经济地理，2016，36（06）:148-154+129.DOI:10.15957/j.cnki.jjdl.2016.06.020.

[103] 张引，杨庆媛，闵婕. 重庆市新型城镇化质量与生态环境承载力耦合分析 [J]. 地理学报，2016，71（05）:817-828.

[104] 方创琳，周成虎，顾朝林，陈利顶，李双成.特大城市群地区城镇化与生态环境交互耦合效应解析的理论框架及技术路径 [J].地理学报，2016，71（04）:531-550.

[105] 郭庆宾，刘静，王涛.武汉城市圈城镇化生态环境响应的时空演变研究 [J].中国人口·资源与环境，2016，26（02）:137-143.

[106] 龙海波.新型城镇化要注重生态文明建设 [N].经济日报，2013-09-27（014）.

[107] 王少剑，方创琳，王洋.京津冀地区城市化与生态环境交互耦合关系定量测度 [J].生态学报，2015，35（07）:2244-2254.

[108] 徐辉.京津冀城市群：探索生态文明理念下的新型城镇化模式 [J].北京规划建设，2014（05）:39-44.

[109] 包双叶.论新型城镇化与生态文明建设的协同发展 [J].求实，2014（08）:59-63.